Na Ubook você tem acesso a este e outros milhares de títulos para ler e ouvir. Ilimitados!

Audiobooks Podcasts
Músicas **Ebooks Notícias**
Revistas Séries & Docs

Junto com este livro, você ganhou **30 dias grátis** para experimentar a maior plataforma de audiotainment da América Latina.

Use o QR Code

OU

1. Acesse **ubook.com** e clique em Planos no menu superior.
2. Insira o código **GOUBOOK** no campo Voucher Promocional.
3. Conclua sua assinatura.

ubookapp

ubookapp

ubookapp

Paixão por contar histórias

DANA NORRIS

STORYTELLING NA PRÁTICA

10 REGRAS SIMPLES PARA CONTAR UMA BOA HISTÓRIA

ubook

© 2020, Callisto Media
Copyright da tradução © 2020, Ubook Editora S.A.

Publicado mediante acordo com Callisto Media, Inc. Edição original do livro, *The Storytelling Code: 10 Simple Rules to Shape and Tell a Brilliant Story*, publicada por Rockridge Press.

Todos os direitos reservados. Nenhuma parte deste livro pode ser utilizada ou reproduzida sob quaisquer meios existentes sem autorização por escrito dos editores.

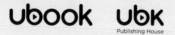

COPIDESQUE	Roberto Jannarelli
REVISÃO	Diego Franco Gonçales | Débora Ferreira
CAPA E PROJETO GRÁFICO	Bruno Santos

Dados Internacionais de Catalogação na Publicação (CIP)
(Câmara Brasileira do Livro, SP, Brasil)

Norris, Dana
  Storytelling na prática : 10 regras simples para contar uma boa história / Dana Norris ; tradução UBK Publishing House. -- Rio de Janeiro : Ubook Editora, 2020.

  Título original: The storytelling code Bibliografia.
  ISBN 978-65-5875-053-6

  1. Arte de contar histórias 2. Narrativas orais I. Título.

20-51130   CDD-808.543

Ubook Editora S.A
Av. das Américas, 500, Bloco 12, Salas 303/304,
Barra da Tijuca, Rio de Janeiro/RJ.
Cep.: 22.640-100
Tel.: (21) 3570-8150

Este livro é dedicado ao meu marido, que sempre me encorajou a escrever, ajudou a encontrar o meu espaço e ainda considera as minhas histórias engraçadas.

SUMÁRIO

Introdução 9

PARTE UM
DÊ FORMA A SUA HISTÓRIA 11

REGRA Nº 1: SAIBA QUAL É O SEU OBJETIVO 13
REGRA Nº 2: CRIE UM ENREDO 25
REGRA Nº 3: REÚNA SEU MELHOR MATERIAL 45
REGRA Nº 4: EXPLICITE SUA INTENÇÃO 55
REGRA Nº 5: SURPREENDA NO DESFECHO 67

PARTE DOIS
CONTE SUA HISTÓRIA 77

REGRA Nº 6: TODO MUNDO CONSEGUE CONSTRUIR UMA HISTÓRIA 79
REGRA Nº 7: VULNERABILIDADE É POTÊNCIA 87
REGRA Nº 8: RESPEITE SEU PÚBLICO 93
REGRA Nº 9: NÃO DEIXE DE PRATICAR 107
REGRA Nº 10: PREPARE-SE 115

Dez armadilhas do storytelling (e como evitá-las) 119
Fontes 121
Referências 124

INTRODUÇÃO

Em minha infância, a parte que mais gostava do Dia de Ação de Graças era logo após o final da refeição, mas antes que retirassem a mesa. Quando estávamos todos felizes e satisfeitos, minha família se sentava em torno da mesa e contava histórias. Minha tia compartilhava a história de um voo turbulento que ela pegou quando trabalhava na Força Aérea; meu pai contava sobre uma viagem de carro durante uma tempestade de neve e minha avó falava sobre como foi crescer em uma fazenda. Eu me sentava imóvel, absorvendo cada palavra. Fazia o possível para permanecer à mesa durante aquelas horas especiais quando os adultos começavam a compartilhar histórias.

Depois, aos 25 anos e trabalhando em um emprego tedioso em Chicago, descobri que estava transbordando de histórias. Escrevia frequentemente, embora não tivesse planos de publicar ou apresentar o que estava criando. Uma noite, durante a visita de uma amiga de outra cidade, ela me convidou para um *slam* de poesia. Fiquei admirada com as pessoas lendo seus poemas para a plateia e aquilo me atraiu completamente.

Eu poderia ter participado da performance, pois o microfone era aberto ao público. Mas não me sentia segura — eu não acreditava que minhas histórias fossem boas o suficiente para serem ouvidas. Em vez disso, fiquei escutando. As pessoas contavam histórias cheias de poesia sobre como tinha sido viver em um carro no Arizona, sobre serem expulsos de seus apartamentos ou sobre a vontade de ver a mãe uma última vez. Assisti às apresentações e percebi que aquela era uma maneira de divulgar minhas histórias ao mundo. Eu só tinha que descobrir como conseguir a confiança necessária para me levantar da plateia e começar a falar em frente ao público. Mas como saberia se minha história era boa o suficiente? Se faria algum sentido? Como eu podia saber se alguém se interessaria por ela? Contar histórias ao redor da mesa da cozinha é uma coisa, mas contá-las a estranhos é algo completamente diferente.

Então comecei a trabalhar. Desde aquela noite, me dediquei a aprender sobre storytelling ("contação de histórias", em tradução livre). Aprendi sobre narrativas no ambiente acadêmico, realizei performances profissionalmente e dei aulas sobre o ofício. Conquistei um mestrado em Não Ficção Criativa na Northwestern University e participei de centenas de apresentações de storytelling. Comecei também meu próprio grupo (Story Club), no qual as pessoas vêm para compartilhar suas experiências e ouvir outros contarem suas histórias.

Neste livro, vou esmiuçar tudo o que aprendi sobre storytelling em dez regras essenciais. Eu o encorajo a lê-lo do início ao fim e a usá-lo como suporte nas áreas da narrativa que você mais precisar. Por exemplo, eu poderia ter me beneficiado muito com a Regra Nº 6 (Todo mundo consegue construir uma história) naquela noite crucial de quinze anos atrás. Talvez você se interesse por entender como usar o enredo para criar um conto mais convincente (Regra Nº 2: Crie um enredo), ou esteja interessado em aprender como adaptar uma história para um público determinado (Regra Nº 8: Respeite seu público). Este livro cobre tudo isso e mais um pouco. Enquanto estiver lendo, tenha em mente que contar uma história não diz respeito somente a entreter uma multidão; é uma ferramenta útil para a vida cotidiana. É possível que você se encontre em uma reunião de negócios em que uma dessas histórias pode servir para enfatizar uma ideia que esteja tentando transmitir, ou então que faça parte de uma organização que precise convencer pessoas a se voluntariar. Se você precisa contar uma história para um cliente, um chefe, um amigo ou um estranho, este livro o ajudará a elaborá-la. Você perceberá que, sim, você consegue. Você pode e deve contar sua história.

PARTE UM
DÊ FORMA A SUA HISTÓRIA

REGRA Nº 1
SAIBA QUAL É O SEU OBJETIVO

TODO MUNDO TEM UMA HISTÓRIA PARA CONTAR

Há muitas razões pelas quais você pode precisar contar uma história: enquanto conhece novas pessoas, durante uma apresentação de negócios, ou fazendo um discurso em uma ocasião especial.

Imagine-se em um casamento, batendo o pé de maneira nervosa. Garçons passam com bandejas de deliciosos canapés, mas você sequer tenta pegar algum, está tenso demais para comer. Quando seu amigo lhe pediu para fazer um breve discurso na festa de casamento dele, você prontamente concordou, mas agora não está certo do motivo. O que fazer para não passar vergonha?

Ou talvez você esteja sozinho em uma sala de conferência, montando o computador. Dentro de alguns instantes, sua chefe e os colegas dela vão se juntar a você, e será preciso explicar a eles por que seu projeto está atrasado. Como iniciar essa conversa?

O que o fez pensar que seria uma boa ideia se inscrever em uma noite de comédia com o microfone aberto ao público?! Mas você se inscreveu, e agora está bebericando seu drinque vagarosamente enquanto assiste às pessoas se apresentarem, uma após a outra, para um público que não tira os olhos do celular. Como conseguir que esta sala lotada de desconhecidos pare para ouvir o que você tem a dizer?

Já se passaram sete minutos do horário marcado. Você está sentado em uma cadeira desconfortável, esperando ser convocado para uma reunião com uma parlamentar local. Há uma votação sobre um próximo projeto de lei que pode trazer benefícios a sua comunidade e a sua família, mas a parlamentar é contra o projeto. Você tem dez minutos a sua disposição para tentar mudar o voto dela. Como você faria isso?

Enquanto se arruma para um primeiro encontro, você sorri ao pensar em como as conversas on-line têm sido ótimas. Você realmente gosta dessa pessoa, mas teme conversa fiada ou, pior ainda, silêncios incômodos. Como ter certeza de que terá algo para dizer?

Digamos que você tenha uma entrevista de emprego com uma empresa em que está realmente animado para trabalhar. Ao experimentar um terno, sem uso há muito tempo, você se olha no espelho e se pergunta como poderá explicar a lacuna em seu histórico de trabalho. Como ser honesto sem se desmerecer para o cargo?

Se essas situações o enchem de pavor, você não está sozinho. Momentos em que somos chamados a transmitir informações importantes de maneira rápida podem ser aterrorizantes. Pior ainda, quando as pessoas que deveriam nos ouvir não estão necessariamente do nosso lado, a situação pode se tornar digna de um pesadelo. Em cada situação, o tempo de reação é limitado. No entanto, em cada caso, a solução é simples: conte uma história.

Todos nós contamos histórias, todos os dias.

Uma história é a maneira ideal de fornecer sucintamente informações que são relevantes, convincentes e, acima de tudo, exclusivamente suas. Mas como saber se é possível contar uma história? Que tipo de história você deve contar? E, principalmente, como começá-la?

O primeiro passo é respirar fundo. O storytelling pode parecer intimidante, no entanto, é algo que você já sabe como fazer. Todos nós contamos histórias todos os dias. Quando seu parceiro pergunta: "Como foi o seu dia?", a resposta se dá por meio de uma história; quando o amigo questiona: "Como foi o fim de semana?", a sua resposta é uma história; quando seu colega de trabalho pergunta: "O que aconteceu com seu carro?", você se engaja em uma história. Você pode não perceber, mas já possui todas as ferramentas necessárias para elaborar e entregar uma história convincente.

POR QUE ESTA HISTÓRIA?

Uma vez que você respira fundo e percebe que *consegue* fazer isso, o próximo passo na elaboração de uma história consiste em descobrir o que é preciso comunicar. Antes de criar a sua história, você precisa estabelecer o objetivo.

O objetivo é crucial, porque se você não souber a razão de estar contando a história, seus ouvintes não vão saber por que estão escutando. Todos nós já tivemos aquele momento com um parente que começa a falar sobre a ida à mercearia e finaliza contando sobre a artrite de seu cão. É confuso e em nenhum momento se tem a certeza do que está sendo transmitido; sabemos apenas que ele está falando e quer ser escutado.

Pode parecer contraintuitivo, mas para começar a escrever uma história, pense no fim. Não o fim da história em si ("E é por isso que eu não posso mais alugar carros em Montana"), mas o efeito que você quer que a história tenha sobre o ouvinte. Quando você terminar de falar, o que você quer que seu público entenda? O que você espera conseguir ao contar essa história?

Decidir o objetivo não ajudará apenas os ouvintes — também lhe ajudará a determinar o que precisa entrar na história. Há muitos detalhes possíveis que poderiam ser incluídos, mas quais são aqueles que melhor ilustram seu propósito ao narrar a história?

Há tantos objetivos quanto histórias possíveis, mas felizmente não é necessário procurar entre todos eles para encontrar a melhor saída. Você só precisa identificar a informação mais importante que deseja transmitir dependendo de uma situação específica.

Voltemos aos nossos exemplos anteriores.

Para o brinde de casamento, seu objetivo poderia ser:

- Arrancar algumas gargalhadas do público;
- Conquistar a atenção do público para o discurso;
- Sacanear um pouco o seu amigo;
- Mostrar o quanto você ama seu amigo;
- Mostrar que você é hábil em fazer discursos.

No trabalho, seu objetivo poderia ser:

- Fazer com que seu chefe entenda que o projeto superou o escopo inicial e necessita de recursos adicionais;
- Fazer com que seu chefe responsabilize o antigo gestor de projetos por não ter alocado o tempo necessário para a conclusão do plano;
- Mostrar o quanto você tem se esforçado e o quanto já cumpriu do trabalho.

No espetáculo de comédia, seu objetivo poderia ser:

- Cativar o público;
- Arrancar gargalhadas;
- Fazer com que o público se lembre de você e o siga nas redes sociais;
- Conseguir que o anfitrião o convide de volta como um artista de destaque.

No gabinete da parlamentar local, seu objetivo poderia ser:

- Convencê-la a votar a favor de um projeto de lei;
- Mostrar-lhe as consequências negativas de não votar a favor desse projeto;
- Conseguir que ela se lembre de você para que fique mais inclinada a prestigiar seu evento de angariação de fundos por uma causa que você considera importante.

No primeiro encontro, seu objetivo poderia ser:

- Conseguir que a pessoa se apaixone imediatamente por você;
- Fazer com que a pessoa se sinta relaxada e confortável;
- Mostrar quem você é;
- Descobrir se quer um segundo encontro.

Na entrevista de emprego, seu objetivo poderia ser:

- Mostrar que a lacuna em seu histórico de trabalho permitiu que você desenvolvesse um conjunto de habilidades que o tornam ainda mais qualificado para essa vaga;
- Mostrar o quanto você conquistou em seus outros empregos;
- Determinar se esta é uma empresa para a qual você deseja trabalhar.

Decida-se sobre o resultado mais importante e estabeleça-o como o objetivo principal da sua história.

Em uma situação qualquer, é natural querer mais de uma coisa. Entretanto para contar uma história, é necessário decidir qual objetivo é o mais importante. Se fosse possível realizar apenas um dos objetivos, qual seria? Por exemplo, é mais importante provocar seu amigo em público durante um discurso de casamento ou conseguir que todos os presentes na cerimônia compreendam o quanto você o ama? No contexto recorrente dos discursos de casamento, a resposta poderia ser "ambos", mas tente se lembrar de todos os discursos esquisitos que já ouviu em casamentos. O que os fez ser tão embaraçosos? Acredito que seja o fato de o orador não ter um objetivo único e claro. Eles provavelmente estavam tentando fazer coisas demais, talvez tentando ser maliciosos e afetuosos ao mesmo tempo, sem alcançar nenhum dos objetivos no final. Já ouvi muitos discursos do tipo "Não consigo acreditar que ela aceitou sair com você, cara. Seus pés têm um cheiro tão ruim. E também tem o seu mau hálito. Mas você é meu melhor amigo, eu te amo e estou muito feliz por você!" Ouvir um discurso como esse é desconfortável porque você se sente mal pelo noivo e pela pessoa que fez o discurso, que não está transmitindo nenhuma informação importante.

Agora vamos olhar para um discurso de casamento que se concentra em um único objetivo. Mesmo querendo expressar mais de uma ideia, decida-se sobre o efeito mais importante e coloque-o como principal objetivo da história. Caso decida que o único foco é fazer com que seu amigo saiba que você o ama, o discurso de casamento poderia ser o seguinte:

"Quando Mark e eu nos conhecemos na faculdade, eu estava chegando de transferência no segundo ano e não tinha nenhum amigo. Um dia vi um panfleto de uma seletiva de um grupo de improvisação e fui. Todos os que participaram eram ruins demais — não considerei nenhum deles como possíveis amigos. E então foi a vez do Mark e ele não era de todo mau. Depois eu comentei: 'Parabéns pela improvisação', e então começamos a nos falar. O mais engraçado é que nenhum de nós foi selecionado para a equipe. No entanto, comecei a sentir que pertencia àquele lugar nos momentos em que eu e Mark jogávamos videogame em seu quarto. Ele sempre me fez sentir assim e fico muito feliz que ele tenha encontrado quem o faça se sentir da mesma forma. Eu sei que Deborah te dá essa sensação de segurança e paz, e eu estou muito feliz por vocês dois. Felicidades!"

Qual é o discurso de casamento que você gostaria de fazer? Qual desses discursos você preferiria ouvir?

PRÁTICA: CONHEÇA O SEU OBJETIVO

Agora que você entende *por que* é importante ter um objetivo, vamos trabalhar na identificação de objetivos.

A tabela a seguir inclui cinco situações nas quais você pode ser requisitado a contar uma história. Eu forneci a circunstância e o público, mas é seu trabalho listar objetivos alternativos para cada cenário. Reflita: se fosse você, quais seriam suas metas?

Depois de listar algumas possibilidades, determine qual dos objetivos é o mais importante. Qual deles melhor expressa seu ponto de vista? Qual deles motiva o ouvinte a agir do jeito que você deseja? Qual desses objetivos mais te motiva a criar um conto estimulante que emocione a todos os ouvintes?

CIRCUNSTÂNCIA	QUEM É O SEU PÚBLICO?	O QUE ELES JÁ SABEM SOBRE VOCÊ?	QUE RESULTADO VOCÊ BUSCA OBTER COM A HISTÓRIA?
Você precisa explicar a um médico por que ele deve parar de lhe receitar medicamentos e recomendar uma cirurgia.	Um médico que não tem muito tempo a perder e que deseja dispensá-lo para atender o próximo paciente.	Que você sente dor há bastante tempo e já compareceu à clínica inúmeras vezes.	Que o médico recomende a cirurgia.
Você é solicitado a fazer um discurso de despedida no funeral do seu tio.	Membros da sua família.	Você era o(a) sobrinho(a) favorito(a) dele.	Que eles entendam melhor esse homem tão complexo.
Você está fazendo uma apresentação no trabalho, descrevendo maneiras de melhorar a cultura corporativa de sua empresa.	Os executivos mais importantes da empresa.		

CIRCUNSTÂNCIA	QUEM É O SEU PÚBLICO?	O QUE ELES JÁ SABEM SOBRE VOCÊ?	QUE RESULTADO VOCÊ BUSCA OBTER COM A HISTÓRIA?
Você está concorrendo a uma vaga no conselho de educação e precisa explicar aos votantes da comunidade por que você é a melhor opção.	Seus vizinhos.		
Você está indo ao casamento de sua irmã, temendo as perguntas intrometidas sobre os rumos da sua vida e se está namorando no momento.	Parentes bem-intencionados, porém intrometidos.		

O QUE VOCÊ PRECISA COMUNICAR PARA CONSEGUIR ESSE RESULTADO?	QUAL É A PERCEPÇÃO DO PÚBLICO?	COMO MUDAR ESSA PERCEPÇÃO?
Os aspectos negativos dos medicamentos e a sua falta de vontade de seguir com a medicação.	Deixar rolar.	Mostrar quão prejudicial os medicamentos são para sua saúde e como está preparado para a cirurgia.
Reconhecer que ele era uma pessoa difícil, mas também mostrar as qualidades dele.	Que ele era muito desagradável.	Mostrar-lhes que ele fez o melhor que pode com as dificuldades que foram impostas.

O QUE VOCÊ PRECISA COMUNICAR PARA CONSEGUIR ESSE RESULTADO?	QUAL É A PERCEPÇÃO DO PÚBLICO?	COMO MUDAR ESSA PERCEPÇÃO?

CHECKLIST

☐ Pense em uma situação rotineira em que seria útil contar uma história. Onde se passa essa história? No trabalho, em casa, em sua vida social?

☐ Nesta situação, identifique o seu público. A quem você está contando a história? Eles estão ansiosos para ouvi-lo, ou estão distraídos com outra coisa?

☐ Liste os objetivos que você pode ter ao contar essa história. Inclua as metas que gostaria de alcançar com essa narrativa, desde as superficiais ("mostrar para todos que estou ótimo") até as inconscientes ("provar que sou capaz de tomar essa decisão por conta própria"). Identifique qual é o objetivo mais importante para você. Por que essa meta é mais importante do que as outras?

REGRA Nº 2
CRIE UM ENREDO

HISTÓRIAS UNIVERSAIS

Todos temos histórias para contar. Em um dia qualquer, cada um de nós experimenta momentos encantadores, assustadores, hilariantes ou tristes. Todos somos capazes de transmitir essas experiências de uma maneira que cative o público. Você pode não acreditar que isso seja verdade, mas eu lhe asseguro que é.

Na Regra Nº 1, falamos sobre a necessidade de identificar o objetivo de sua história. Agora é hora de ir mais fundo e descobrir como conduzir seu objetivo e seu tópico, e moldá-los em uma narrativa convincente.

A boa notícia é que nossos cérebros estão organizados em favor da narrativa. Nós amamos tanto as histórias que as contamos para nós mesmos todos os dias. Digamos que você esteja atrasado para o trabalho, correndo para pegar um trem. Assim que chega à plataforma, as portas do trem se fecham, deixando-o na mão. Você poderia ver esse momento de várias maneiras diferentes. Por exemplo, você pode ver esse acontecimento como um indicativo de que está sempre falhando e de que nada do que faz é bom o suficiente. Ou pode considerar ter perdido o trem como um sinal do universo de que merece uma pausa e deve tirar o dia de folga.

Em cada versão da história, o fato (perder o trem) é o mesmo. Mas o acontecimento em si não é a história. A história é a forma como damos sentido ao acontecimento, como o explicamos a nós mesmos e aos outros.

O ARCO NARRATIVO

Por que narrativas são tão envolventes? O que tem em uma história que nos motiva a ouvi-la?

A verdade é que toda história — seja ela um filme, um programa de TV, artigo de revista, conto, romance ou peça — é construída em torno da mesma estrutura. *Até parece*, você pode estar pensando, *isso não pode estar certo*. Mas está, sim. Quando você destrincha uma história até o núcleo, cada narrativa pode ser mapeada exatamente da mesma forma.

A estrutura que todas as histórias têm em comum é chamada de arco narrativo. Compreendê-lo é a chave para entender como transformar sua experiência pessoal em uma história que outra pessoa não consegue deixar de ouvir.

Este é o aspecto do arco narrativo:

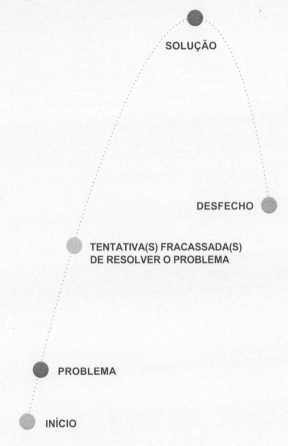

Você pode estar se perguntando: "Isso não é apenas uma linha curva?" Bem, sim. É uma linha curva. Mas é também um roteiro para uma história incrível.

O arco narrativo é a coluna vertebral de todas as histórias do mundo.

Eu poderia usar termos literários extravagantes para descrever o arco narrativo, tais como incidente incitante, estase, exposição, ação ascendente, clímax ou desnudamento, mas o conceito é, na verdade, bastante simples. O arco narrativo é um problema seguido de uma solução. A fim de passar do problema à solução, é necessário passar pelos seguintes pontos:

- **O INÍCIO:** É aqui que estabelecemos nosso cenário. O início de uma história é a normalidade, onde as coisas começam. *Você acabou de ser transferido para uma nova universidade.*

- **A INTRODUÇÃO DO PROBLEMA:** Um problema ocorre e devemos partir em busca de uma solução. *Você não tem nenhum amigo e está solitário.*

- **A(S) TENTATIVA(S) FRACASSADA(S):** Uma ou mais soluções para o problema são infrutíferas. *Você vai a uma seletiva de grupo de improvisação para conhecer pessoas, mas percebe que não quer ser amigo de ninguém ali.*

- **A SOLUÇÃO:** Esse é o momento em que o problema está finalmente resolvido. *Você vê a improvisação de Mark, acha que ele é muito bom, fala com ele, e uma amizade se inicia.*

- **O DESFECHO:** A situação está resolvida e os problemas foram solucionados. *Foi assim que você e Mark se tornaram amigos, e ele é seu melhor amigo até hoje.*

O arco narrativo está presente em quase todas as histórias da Terra. Não acredita? A seguir, três histórias clássicas destrinchadas a partir do arco narrativo.

Romeu e Julieta

SOLUÇÃO:
Ambos morrem em um trágico mal-entendido.

DESFECHO:
Considerando estarem quites, as famílias terminam a rixa.

TENTATIVA(S) FRACASSADA(S) DE RESOLVER O PROBLEMA:
Romeu e Julieta fazem de tudo para ficar juntos. Muitos personagens morrem. Romeu é banido e Julieta decide forjar a própria morte.

PROBLEMA:
Os filhos deles, Romeu e Julieta, se conhecem e se apaixonam.

INÍCIO:
Os Capuletos e os Montecchios sentem um ódio verdadeiro e recíproco.

TENSÃO

TEMPO

Star Wars

SOLUÇÃO:
Distribuição de medalhas — todo mundo sorridente.

DESFECHO:
Luke usa a Força e explode a Estrela da Morte.

TENSÃO

TENTATIVA(S) FRACASSADA(S) DE RESOLVER O PROBLEMA:
Luke resgata a princesa, o Império fica furioso e posiciona a Estrela da Morte em direção à Aliança Rebelde.

PROBLEMA:
Ele compra um androide que carrega uma mensagem secreta de uma princesa bacana que precisa da ajuda dele.

INÍCIO:
Luke Skywalker está cansado da vida de fazendeiro.

TEMPO

O Rei Leão

SOLUÇÃO:
Simba é o rei.

DESFECHO:
Simba volta para casa e destrona Scar.

TENTATIVA(S) FRACASSADA(S) DE RESOLVER O PROBLEMA:
Mufasa, o rei, tenta ser legal com Scar. Scar mata Mufasa e responsabiliza Simba, que foge e se esconde. Nala tenta trazê-lo de volta, mas ele não quer voltar, até ser visitado pelo espírito de seu pai.

PROBLEMA:
Scar também quer ser rei.

INÍCIO:
Simba não vê a hora de se tornar rei.

TENSÃO

TEMPO

ACEITE O CONFLITO

A essência de uma história é o problema somado ao desejo de solucioná-lo. Se você tem um problema, mas não se importa em resolvê-lo, então a história não acontece. Em uma narrativa você deve querer algo. Pode ser que você esteja procurando por alguma coisa, que precise descobrir uma maneira de conseguir ajuda ou que precise ir embora de um lugar que não queria mais estar. Você procura pela solução, falha, e só então a encontra. Uma vez que tenha encontrado a solução e outras questões pendentes estejam resolvidas, a história termina.

Uma história precisa de conflito; ela precisa de um problema.

Agora que você sabe como destrinchar o arco narrativo em seu filme favorito, como será que isso pode te ajudar com o seu discurso de casamento, sua performance de stand-up comedy ou com sua apresentação comercial?

A resposta é simples: essa estrutura não serve apenas para peças de teatro e filmes, também pode ser aplicada a situações do mundo real, como uma reunião de negócios, uma entrevista ou mesmo um primeiro encontro. Quando você entender os aspectos básicos de qualquer arco narrativo, entenderá como captar a atenção do ouvinte. A história em que você está a caminho do trabalho, pega o trem e chega na hora certa, por exemplo, não é muito atraente. Uma história precisa de conflito; precisa de um problema.

A seguir, alguns exemplos do mundo real que podem servir para contar uma história, fazendo uso do arco narrativo e aplicando as situações da Regra Nº 1:

Ao fazer uma apresentação com o objetivo de mostrar quão valioso é o seu projeto atrasado:

INÍCIO: Nos propusemos a fazer este projeto porque vimos que era necessário.

PROBLEMA: A necessidade era maior do que imaginávamos.

TENTATIVA QUE NÃO RESULTOU EM SOLUÇÃO: Ao trabalhar para manter os prazos iniciais, percebemos que dados importantes estavam sendo negligenciados.

SOLUÇÃO: Precisamos dar a este projeto o tempo que ele merece, ampliando o prazo e adicionando mais trabalhadores dedicados à tarefa.

DESFECHO: Sabíamos que a necessidade existia, e agora sabemos o que fazer em relação a isso.

Ao participar de um evento de stand-up comedy com o objetivo de conseguir que o público pare de olhar para os celulares e lembre-se de você:

INÍCIO: Tinha acabado de terminar com meu namorado, estava morando sozinha pela primeira vez, e decidi limpar atrás do meu fogão.

PROBLEMA: Movi o fogão, mas isso acabou rompendo a mangueira do gás e iniciando um incêndio.

TENTATIVA QUE NÃO RESULTOU EM SOLUÇÃO: Tentei usar um extintor, mas parei porque pensei: "Será que isso funciona com vazamentos de gás?" Liguei para os bombeiros. Fui dizer aos meus vizinhos que o prédio estava pegando fogo e que eles deveriam sair.

SOLUÇÃO: Os bombeiros chegaram, apagaram o fogo, e me mostraram como desligar o gás.

DESFECHO: Eu nunca mais movi o fogão de lugar.

Ao falar com a parlamentar local sobre o motivo pelo qual ela deveria votar a favor de um determinado projeto de lei:

INÍCIO: Sou pai/mãe de família e votei em você por diversas vezes.

PROBLEMA: Meu filho ficou doente em 2004.

TENTATIVA QUE NÃO RESULTOU EM SOLUÇÃO: O único medicamento que funciona para o caso dele é absurdamente caro, e só podemos pagar com subsídios especiais.

SOLUÇÃO: Apoiar este projeto de lei para que meu filho, e outras pessoas com o mesmo problema de saúde, possa levar uma vida normal.

DESFECHO: Posso contar com seu apoio?

Ao ser entrevistado para um novo emprego:

INÍCIO: Me formei na faculdade e consegui meu primeiro emprego como contador.

PROBLEMA: Fui demitido durante a recessão e não fui capaz de continuar pagando a creche das crianças.

TENTATIVA QUE NÃO RESULTOU EM SOLUÇÃO: Agora eu cuido das crianças e da casa, mas me sinto ansioso pelo desafio e pela camaradagem de um ambiente de trabalho.

SOLUÇÃO: Fiz aulas adicionais para adquirir conhecimentos na minha área.

DESFECHO: Agora sou mais qualificado do que era inicialmente.

Uma nota sobre os desfechos: você deve ter percebido que o arco narrativo decai muito acentuadamente após a solução ter sido alcançada. Por quê? Porque o problema é o motor da história. Uma vez resolvido o problema, o motor fica sem combustível. A tensão que mantinha o público interessado na história se evapora assim que a solução é encontrada, por isso é importante terminar sua história rapidamente depois disso. Isso assegura que você não entedie o público e que a história não se afaste do objetivo original.

CINCO NARRATIVAS CLÁSSICAS

Enquanto o arco narrativo é a coluna vertebral, há muitas maneiras de rechear um conto. A seguir é possível encontrar cinco arquétipos clássicos de histórias que você pode usar ao criar a sua.

A HISTÓRIA DE ORIGEM: essa narrativa mostra o caminho percorrido pelo personagem até chegar a uma nova criação. É uma ótima história para usar quando for necessário explicar seu modelo de negócios a potenciais investidores.

EXEMPLO: Você tem uma ideia surpreendente para criar uma empresa. Infelizmente, você precisa de dinheiro — que você não tem — para tirar essa empresa do papel. Apesar de repetidas tentativas, você não consegue encontrar ninguém para investir. Mas espere! Justo quando você estava prestes a desistir, um investidor caído do céu entrou em cena para lhe dar os fundos de que precisava. E sua empresa continua, até hoje, indo de vento em popa.

A HISTÓRIA DE SUPERAÇÃO: essa história mostra como você começou sem sorte alguma e conseguiu triunfar apesar da grande probabilidade de fracasso. É uma boa estrutura a ser usada para mostrar a um entrevistador como você superou adversidades e desafios.

EXEMPLO: Você concluiu o ensino médio, porém não tem dinheiro para frequentar a faculdade. Candidatou-se a todas as bolsas de estudo que pôde encontrar, mas não teve sucesso. Determinado a não desistir do sonho de conseguir uma educação universitária, matricula-se em um curso noturno e assiste às aulas do jeito que der, enquanto trabalha em tempo integral. Por fim, você volta a se candidatar a bolsas de estudo e ganha uma que cobre os custos do restante do curso, graduando-se com louvor.

A HISTÓRIA DE RECOMEÇO: essa história mostra como apesar de contratempos você foi capaz de perseverar. É uma boa narrativa para mostrar o quanto você cresceu e se desenvolveu como pessoa.

EXEMPLO: Você vivia uma relação romântica até que um dia seu namorado te deixa. Você volta para a vida de solteira, mas acaba chorando no primeiro encontro. Você tenta encontros on-line, mas se desencoraja a cada dia ao conhecer pessoas que não fazem o seu tipo. Durante um desses encontros, a companhia da vez diz: "Você parece realmente infeliz. Por que está fazendo isso?" Naquele momento você percebe que, na verdade, não gostaria de estar namorando, e que seria melhor usar esse tempo para se recuperar da separação e se concentrar em fazer o que gosta. Você exclui o aplicativo de namoro e se inscreve nas aulas de pintura que sempre quis fazer.

A HISTÓRIA DE SUPERAÇÃO DO MONSTRO: essa é uma história que mostra como você superou um obstáculo específico e incapacitante por meio da própria habilidade. É uma boa forma de mostrar aos outros como você é capaz de resolver seus problemas, já que esse tipo de narrativa o coloca em uma situação difícil na qual o risco é alto e há um grande obstáculo à frente que você deve superar para alcançar o objetivo.

EXEMPLO: Você está animado para começar no emprego novo. Mas, apesar do seu esforço, o novo chefe parece frio e crítico, e com frequência dá feedbacks negativos sobre seu trabalho. Você trabalha mais horas e assume mais projetos, mas o desdém do chefe só cresce. Ele começa a menosprezá-lo na frente de seus colegas, que não o convidam para os eventos pós-trabalho. Um dia, durante uma reunião com toda a empresa, o chefe chama a sua atenção para um erro que na verdade foi dele. Você se levanta e diz que não é verdade. Logo em seguida, envia um e-mail para toda a empresa com provas de que seu chefe cometeu o erro. No final, o chefe é substituído, e seus colegas de trabalho o convidam para jantar.

A HISTÓRIA DA BUSCA: essa é a história sobre como você partiu em busca de algo específico que necessitava. É uma ótima maneira de mostrar paixão e desejo de crescimento. Você pode contar uma história sobre a busca por um novo emprego, por um parceiro romântico ou por um antiquário na tentativa de encontrar a xícara que faltava para completar a coleção de louças.

EXEMPLO: Você quer fazer parte do time principal de basquete da sua escola, mas é rejeitado no primeiro teste. Ao perguntar ao treinador o que fazer para melhorar, ele diz: "Tudo". Então você vai à quadra e pratica por conta própria todas as noites. Depois de todo o esforço, o treinador lhe oferece uma vaga no time B da equipe. Em vez de aceitar, você sai enfurecido, determinado a desistir do basquete. Quando seu tio pergunta o motivo, você diz que não vai mais jogar. Ele compartilha com você que precisou de várias tentativas para conseguir uma chance no time B da equipe da escola e que abrir mão da vaga seria como desistir da possibilidade de melhorar de verdade. Você se desculpa com o treinador, junta-se ao time B e consegue, no ano seguinte, uma vaga no time principal.

ESTABELEÇA (E QUEBRE) PADRÕES

Nossos cérebros estão sempre em busca de padrões. Encontrar um padrão nos tranquiliza porque permite trazer ordem diante do caos do mundo ao nosso redor. No contexto do storytelling, o padrão é um incidente que ocorre duas ou mais vezes. O momento da história em que se tenta, mas não consegue resolver o problema, é uma ótima oportunidade para estabelecer padrões. O público ama estabelecer padrões, porque eles servem como guias ao longo de uma história.

Embora pareça que gostamos de padrões porque eles nos permitem sentir como se pudéssemos saber o que vem a seguir, adoramos quando eles são quebrados, pois gostamos ainda mais de ser surpreendidos. Mesmo que os padrões sejam uma ótima maneira de construir confiança com o público, eles também são uma forma de criar choque e deleite quando a regra é quebrada. Na comédia, isso é conhecido como regra de três: faça algo duas vezes e depois, na terceira vez, quebre o padrão estabelecido para alcançar o melhor efeito de humor.

A seguir, um exemplo: você está contando uma história sobre como tentou criar coragem para convidar a barista da cafeteria perto da sua casa para um encontro. Na primeira vez, você pediu um café e lhe perguntou como estava indo o dia. Ela disse: "Terrível". Você perdeu a coragem e saiu sem dizer mais nada. Na segunda, você pediu um café e perguntou se o dia dela tinha melhorado em relação ao anterior. Ela disse: "Não". Você tentou balbuciar uma resposta, mas em vez disso derramou café sobre a bancada e saiu novamente sem perguntar se ela queria sair com você. No terceiro dia, você pediu café e perguntou a ela como estava indo o dia, e ela disse: "Vamos sair um dia desses?"

A criação de padrões satisfaz porque na primeira vez nos ensina o que esperar, na segunda, eleva nossas expectativas, e na terceira rompe com elas.

Toda vez que você repetir um padrão em sua história, você deve elevar as expectativas. A tensão precisa aumentar com a repetição, caso contrário você estará apenas ninando o público para dormir com previsibilidade. O padrão deve aumentar em termos de velocidade, intensidade, consequências ou risco à medida que se repete — até o momento em que é quebrado, ponto em que serviu ao seu propósito.

CINCO MANEIRAS DE QUEBRAR O PADRÃO

1. SUTILMENTE
A quebra do padrão não tem que ser estrondosa. Você pode construir um padrão ao longo de sua história sem chamar muito a atenção para ele. Quando você finalmente quebrar o padrão, ele ainda terá significado, mesmo sem muita atenção para o procedimento realizado.

2. REPENTINAMENTE
Essa é a quebra de padrão do tipo estrondosa. Aqui é onde você pega o público completamente desprevenido. Você dirige até a mercearia para pegar algumas coisas e quando está indo embora percebe que se esqueceu do leite, então volta para pegar. Ao retornar para casa, percebe que também se esqueceu do pão, então você volta à mercearia — e se envolve em um acidente de carro no estacionamento.

3. COM HUMOR
Para quebrar um padrão com humor, você deve surpreender o público. Se sua história envolver o procedimento de colocar a mão em uma bolsa, por diversas vezes, para recuperar uma maçã, a quebra humorística aconteceria ao arrancar, em vez disso, algo sem sentido, como uma galinha.

4. TRAGICAMENTE
A quebra de maneira trágica é frequentemente usada em histórias dramáticas, como o exemplo a seguir: sua mãe te liga todos os dias às três da tarde. No dia seguinte ao falecimento dela, o telefone toca às três horas e seu coração pula, mas é a empresa de TV a cabo pedindo para atualizar o serviço.

5. RETORNO AO PRINCÍPIO
Isso é quando você estabelece o padrão no início de sua história, mas você não o quebra até o final, retornando ao princípio, para sua configuração anterior.

TEMPO E TENSÃO

Também quero destacar dois outros componentes de uma história que contribuem para a estruturação do enredo: tempo e tensão. As histórias podem prosseguir cronologicamente, mas isso nem sempre precisa ser uma regra. Ao criar uma história, você pode começar pelo meio, "Eu estava na floresta, completamente perdido", e então pular para o início: "Três dias antes eu estive em um avião em direção ao Colorado". À medida que a história continua, o suspense aumenta. Isso é importante porque a tensão é o que mantém os ouvintes interessados. Eles querem saber o que acontece a seguir.

Digamos que você esteja contando uma história que começa assim: "Eu estava atrasado, correndo para o trem". Os ouvintes querem saber se você consegue alcançá-lo. Você pode usar essa curiosidade para aumentar as expectativas e mostrar por que é importante alcançar o trem: você chegou atrasado no dia anterior, o chefe já tinha passado uma reprimenda, e o seu emprego está em risco. Agora o público está ainda mais interessado — eles precisam saber o que acontece em seguida.

Quando começar a escrever sua própria história, lembre-se que o arco narrativo é a estrutura fundacional dela, e que o tempo, o conflito, a tensão e os padrões podem ajudar-lhe a construí-la de maneira convincente.

PRÁTICA: CRIANDO UM ENREDO

Usando os cinco tipos de enredos que discutimos anteriormente, pense em uma história que você poderia contar com cada um deles.

1. **A ORIGEM**
2. **COMEÇANDO DE BAIXO**
3. **RECOMEÇANDO**
4. **SUPERANDO O MONSTRO**
5. **A BUSCA**

Identifique o início, o problema, as tentativas fracassadas de resolver o problema, a solução e o desfecho para cada tipo de história.

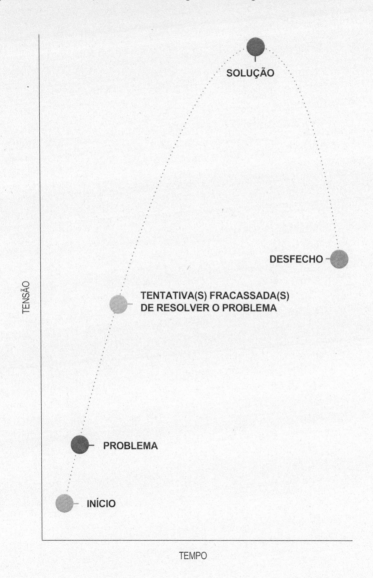

CHECKLIST

☐ Pense no último livro que leu ou no último programa de TV que assistiu. Qual foi o início da história? Foi relativamente conforme o esperado?

☐ Qual foi o problema? Em que altura da história ele foi introduzido?

☐ Como os personagens tentaram, mas não conseguiram resolver o problema? Qual foi a solução final e o desfecho da história?

Projete o seu enredo no arco a seguir:

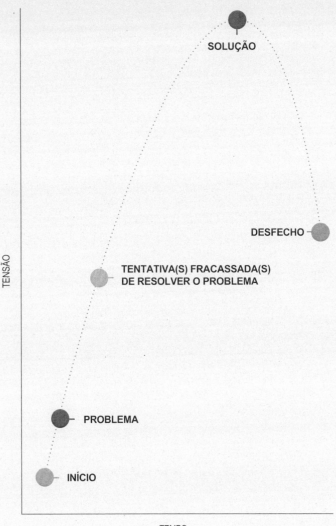

REGRA Nº 3
REÚNA SEU MELHOR MATERIAL

HISTÓRIAS INFINITAS

Agora que você aprendeu como determinar o objetivo de sua história e como usar o enredo para moldá-la, é hora de falar sobre a parte divertida: a criação da história em si.

Esse momento pode trazer alguma apreensão, porque existem inúmeras histórias possíveis de serem contadas, como há também infinitas formas de contá-las, cada uma à sua maneira. Qual caminho é o certo? Como você pode ter certeza de que a história que está contando é realmente boa?

Desde que você esteja conseguindo transmitir sua mensagem, não existe jeito errado de contar uma história.

Quando ainda era uma jovem escritora, costumava agonizar até encontrar a maneira perfeita de contar uma história. Eu sabia que quando me sentava para escrever, o resultado podia variar dependendo da hora do dia, do meu humor, do que tinha lido recentemente ou da inclinação da Terra. A possibilidade de inúmeras variações na maneira de contar uma história parecia um erro grave. Como eu poderia ser uma contadora de histórias de verdade se minhas histórias estavam sempre mudando? Desde então, aprendi o seguinte:

1. Não há maneira errada de contar uma história, desde que você alcance o seu objetivo.
2. Você tem que criar a história antes de se perguntar se ela alcançou o objetivo.

Quando dou aulas de storytelling, descubro que nos primeiros momentos os estudantes ficam preocupados, principalmente, em saber se suas histórias são "boas" ou "ruins". Essa é uma inquietação compreensível, entretanto, se preocupar se a história é "boa" ou "ruim" não ajuda, porque esse questionamento é subjetivo. Quem pode dizer se uma história é "boa" ou "ruim"? Tudo o que podemos fazer é julgar se a história chegou ou não aonde gostaríamos. Pense no seu objetivo (do qual falamos na Regra Nº 1) e depois se pergunte: "Minha história alcançou o objetivo?" Se a resposta for sim, então é uma história de sucesso. Caso contrário, ela precisa ser um pouco mais trabalhada.

Como mencionado anteriormente, somos todos contadores de histórias natos. No entanto, apesar de pensarmos por meio de narrativas, isso não significa que somos capazes de inventar de maneira espontânea uma história que seja ao mesmo tempo comovente e eficaz. Criar a história em si pode ser a parte mais difícil do processo. Muitas pessoas passam anos estagnadas nessa etapa, mas não há outra maneira de trazer ao mundo uma história sem o trabalho ativo de criá-la. Pouquíssimas pessoas são capazes de contar espontaneamente histórias bem elaboradas. Para uma história ter eficácia, precisa ser criada de maneira cuidadosa e bem pensada.

REÚNA SEU MATERIAL

Você sabe qual é o seu objetivo e está pronto para escrever ou contar sua história. Mas sobre o que ela deveria ser? Acredito que a história que você *quer* contar é aquela que você deve contar. A seguir, você encontrará dez situações-gatilho que poderão ser usadas como base para começar sua história. À medida que forem lidas, as ideias para as narrativas podem começar a surgir imediatamente, com base em cada situação-gatilho. Eu recomendo fortemente que siga seus instintos e escolha a primeira ideia que surgir, porque a história contida nela é a que mais deseja contar. Não edite ou questione as próprias ideias, e não se preocupe com a possibilidade de sua tia ficar chateada caso você conte determinada história. O principal é focar em contar a história que você mais deseja compartilhar.

A história que você considera interessante também será interessante para outros.

Examine as dez situações-gatilho a seguir e escolha uma:

1. Uma vez em que você estava errado
2. Uma vez em que você deveria ter dito algo, mas não disse
3. Um momento que você não entendeu na época
4. Uma tradição familiar
5. Um momento em que tudo mudou
6. Um momento em que você decidiu desistir
7. Uma conversa difícil que você teve
8. Uma vez em que você se esforçou muito, mas não teve sucesso
9. A primeira vez que algo ocorreu
10. A última vez que algo ocorreu

O que essas situações-gatilho têm em comum? Todas têm um conflito que se instalou nelas. E é assim por uma boa razão, porque as histórias que envolvem adversidade são mais fáceis de escrever e de contar. Histórias de superação já contêm o aspecto essencial do arco narrativo: um problema, o que as torna naturalmente interessantes para um eventual ouvinte. Histórias em que as coisas estão indo bem e tudo dá certo são, francamente, entediantes. Por outro lado, histórias em que as coisas vão de mal a pior são fascinantes.

Você está preocupado se a história que deseja contar não é interessante? Não fique. A narrativa que você considera interessante também será interessante para outros. As pessoas tendem a construir empatia naturalmente, então se você mostrar ao público por que se interessou por uma questão, isso pode despertar o interesse deles também.

E se você ainda não souber como o arco narrativo se aplica à sua história? Está tudo bem. Pegue sua ideia, sente-se e deixe-a fluir, seja por escrito ou pela fala. Não sei dizer quantas vezes foi necessário fazer esse processo para descobrir o real significado da minha história. Tente começar com um assunto sobre o qual queira falar ou um momento que queira esmiuçar. De início, talvez não seja possível saber os motivos que levaram o inconsciente a ficar tão atraído por determinado assunto, mas por meio da elaboração conseguimos descobrir os possíveis significados.

CRIE A SUA HISTÓRIA

Agora que você escolheu uma situação-gatilho, é hora de construir sua história. Primeiro, decida se você quer escrevê-la ou narrar em voz alta. Eu prefiro escrever à mão para evitar que o temido corretor ortográfico interrompa o meu progresso. Se você optar por ler em voz alta, então não deixe de gravar a narração para que possa ouvi-la e afiná-la.

Para ambos os métodos, coloque um alarme para trinta minutos. Tranque sua porta, silencie seu celular e diga a seus filhos para incomodarem outra pessoa por alguns instantes. Assim que o cronômetro começar, não faça nada além de escrever ou narrar em voz alta sua história. Usando a situação-gatilho escolhida, comece do início e trabalhe até o fim. Não se preocupe com erros de digitação, erros ortográficos, gagueira ou com a dificuldade em encontrar a palavra que gostaria de dizer. Não pare para olhar suas mensagens de texto, e-mail ou Twitter. Apenas trabalhe. Continue trabalhando até o alarme soar. Mesmo que fique sem ideias ou que passe o tempo todo dizendo: "Eu não quero fazer isso. Isso é estúpido. Quando os trinta minutos vão acabar?" — siga em frente. Se quiser continuar depois que o alarme tocar, faça. Muitas pessoas descobrem a vontade de continuar ao final da meia hora. Basta lembrar: criação não é edição; trataremos disso mais tarde. Por enquanto, você só precisa dar vida à história.

Programe quatro sessões de trinta minutos para trabalhar em sua história e se concentre na criação do início, do meio e do fim. Você pode precisar de mais tempo, ou de menos, então ajuste o cronograma conforme necessário. O objetivo é chegar a um rascunho completo, então não edite o que você já fez. Basta focar na elaboração de uma história completa.

Uma observação sobre os detalhes: tente ser o mais específico possível com as palavras. Use detalhes sensoriais para evocar cheiro, visão, sabor, som e tato. Por exemplo, você poderia dizer: "Eu estava em casa", ou: "Eu estava na minha casa em Chicago, que fica num porão e sempre cheirou a mofo". Quando se diz: "Eu estava em casa", o público não sabe o que imaginar. Talvez eles imaginem uma casa, talvez um apartamento ou uma cabana na floresta. Como um contador de histórias, sempre que se oferece uma descrição mais geral, renuncia-se ao controle sobre o que os ouvintes podem interpretar das palavras. Quanto mais genérico você for, mais provável é que o seu ouvinte não esteja imaginando o tipo de casa ou apartamento que você gostaria. No entanto, se você diz: "Eu estava no meu apartamento em Chicago que sempre cheirou a mofo", o público sabe não apenas o local exato em que você estava, mas também que cheiro tinha. Eles podem inferir ainda mais informações a partir da descrição. Os ouvintes podem pensar que suas finanças não estão em dia, que você está insatisfeito com a situação e que o dono do imóvel que você aluga não está sensível aos seus problemas. Mesmo que o público nunca tenha vivido em Chicago, nem em um porão ou convivido com mofo, eles serão capazes de entender o que você quer dizer. A capacidade de tocar as pessoas aumenta com o número de detalhes específicos que são fornecidos.

Quanto menos específico você for, menos pessoas podem realmente imaginar o que você diz a elas. A universalidade — apesar de ser um termo grandioso e impressionante — é bem-sucedida quando empregada com especificidade. Quanto mais específico e pessoal você for, melhor será o acesso do público à sua vida, história e memórias particulares.

FATO VERSUS FICÇÃO

As histórias que você conta serão presumidas como verdadeiras, o que significa que seu trabalho como contador de histórias é se aproximar o máximo possível da verdade. Nossas lembranças são falíveis, mas, ainda assim, sabemos quando estamos mentindo. Se você se lembra que o dia estava ensolarado, mas acha que seria mais eficaz para a história dizer que estava chovendo, não diga que estava chovendo. Dizer que chovia quando se sabe que estava sol é uma mentira. Diga como estava na sua memória, não como você gostaria que tivesse sido. Tenha em mente que as histórias precisam ser verdadeiras para você. Se uma pessoa presente no momento do ocorrido discordasse da sua versão da narrativa, isso não seria um problema. Todos nós experimentamos a vida de maneira subjetiva, e temos direito a nossa própria versão dos fatos. Entretanto, se você disser que alguém estava presente quando, na verdade, você sabe que não estava, isso seria uma mentira. Não minta.

ALGUNS TOQUES SOBRE O USO DA VERDADE NA HISTÓRIA

CASO NÃO SE LEMBRE DE UM DETALHE EXATO, MAS APENAS O SUPÕE, DEIXE ISSO CLARO. "Eu estava assistindo TV" é muito genérico, mas "Eu estava assistindo ao primeiro episódio de *Buffy, a Caça-Vampiros* e usava o meu robe azul" é específico e ótimo, a menos que não tenha certeza do que estava fazendo ou vestindo. Então você poderia simplesmente dizer: "Eu provavelmente estava assistindo ao primeiro episódio de *Buffy, a Caça-Vampiros* e usava o meu robe azul", e assim ficaria tudo bem.

FAÇA UMA PEQUENA PESQUISA QUANDO NECESSÁRIO. Se você não se lembra com certeza se alguém estava lá, ou em que ordem os eventos aconteceram, sinta-se à vontade para consultar suas fotos, seus diários ou outras pessoas que estiveram na ocasião para esclarecer os detalhes.

QUANTO AOS DIÁLOGOS, É COMPREENSÍVEL QUE VOCÊ NÃO ESTIVESSE GRAVANDO ENQUANTO AS PESSOAS FALAVAM. Nas histórias, supõe-se que todo diálogo é uma criação do autor. Apenas certifique-se de não colocar palavras na boca de quem não as teria dito realmente.

O HUMOR MUITAS VEZES VEM DO EXAGERO, POR ISSO É IMPORTANTE FOCAR NAS EMOÇÕES E REAÇÕES, EM VEZ DE FOCAR NA SITUAÇÃO. Se você narrar com competência, algo banal como machucar o dedinho do pé pode ser tão engraçado quanto cair de um lance de escadas.

NÃO MINTA. Se você acha que está mentindo, então você está mentindo. Tente ser o mais verdadeiro possível em suas lembranças. O público é inteligente e pode perceber quando algo não está muito certo com sua história.

Depois de consultar mais uma vez as situações-gatilho, siga seus instintos e escolha a história que mais deseja contar. Em seguida, dedique um tempo para elaborá-la cuidadosamente com detalhes específicos, pessoais e autênticos.

PRÁTICA: FAZENDO MUDANÇAS

Como já discutido, uma mesma história pode ser contada de muitas maneiras diferentes. Escolha uma que seja simples e que você já tenha contado anteriormente (pode ser uma história rápida que você costuma recorrer para contar em festas ou jantares comemorativos). Finja que você só tem noventa segundos para contá-la. Agora, pegue essa mesma história e faça ajustes para os quatro tipos de público listados na página 54. Quão diferente é o objetivo da história para cada público, e como isso muda a história?

HISTÓRIA: O CONSERTO DE UM PNEU FURADO NO MEIO DA NOITE

PÚBLICO	OBJETIVO	DETALHES A INCLUIR
Chefe	Mostrar como você lida bem com imprevistos.	Fale sobre sua rápida recuperação quando percebeu que não havia nenhum reboque por perto.

PÚBLICO	OBJETIVO	DETALHES A INCLUIR
Amigo	Entreter, demonstrar que você não bate bem das ideias.	Você sabia que os pneus não estavam bem calibrados, mas decidiu sair com o carro assim mesmo, porque queria pegar a fila para comprar os ingressos daquele show.
Namorado(a)	Mostrar que você é habilidoso/a.	Você descobriu como trocar um pneu, pela primeira vez, às três da manhã ao lado de uma rodovia
Filho(a)	Mostrar ao seu filho(a) que ele precisa ser mais precavido(a) do que você foi.	Fale que foi muito assustador passar por uma situação como essa, de noite, e que deve sempre fazer manutenção no carro.

Sua história:

PÚBLICO	OBJETIVO	DETALHES A INCLUIR
Chefe		
Amigo		
Namorado(a)		
Filho(a)		

CHECKLIST

☐ Volte para a lista de situações-gatilho (páginas 48) e escolha uma diferente. Coloque um alarme para trinta minutos e comece a criar essa história.

☐ Depois dos trinta minutos, leia a história iniciada ou ouça o que gravou.

☐ Pense em como adicionar mais detalhes concretos à história. Qual é a melhor maneira de ajudar o público a ver o lugar em que você estava, a sentir os aromas e a textura do sofá?

☐ Programe mais duas sessões de trinta minutos em seu calendário semanal. Defina a data, a hora e comunique aos outros da intenção de continuar trabalhando em sua história (para que não atrapalhem).

☐ Em cada sessão, ou escolha uma nova situação-gatilho ou continue a trabalhar na que já havia sido iniciada. Trabalhe com o objetivo de ter uma história completa do começo ao fim.

REGRA Nº 4
EXPLICITE SUA INTENÇÃO

MENOS É MAIS

Você criou a sua história! É isso aí! A etapa de criação exige que você suspenda a autocrítica e deixe a história se desenrolar à sua frente. O resultado dessa etapa é chamado de primeiro rascunho — ainda bruto, como um diamante coberto por uma carapaça de carvão.

O próximo passo consiste em retirar as impurezas minerais e polir até que reste apenas o diamante cintilante. Quando as pessoas se apresentam para o público, elas normalmente têm um limite de tempo. No meu grupo de contadores de histórias, o Story Club, as pessoas têm oito minutos para contar suas narrativas. Em um lugar do palco onde somente elas podem vê-lo, fica um cronômetro em contagem regressiva. Oito minutos podem passar rapidamente e alguns artistas se assustam quando o tempo acaba. É uma sensação horrível a de ser interrompido por um alarme, no entanto, eu utilizo esse artifício porque a alternativa (o contador de histórias seguir falando sem parar) seria muito pior.

O fato é que você precisa reduzir suas histórias até chegar aos aspectos mais essenciais para garantir que a atenção do público seja mantida. Com frequência, eu brinco que fazer um discurso é um pouco como tornar a audiência refém: a maioria não se sente à vontade para se levantar e sair caso fique entediada, mas acaba se retirando mentalmente.

É importante que as histórias sejam reduzidas aos aspectos mais essenciais para garantir que a atenção do público seja mantida.

É seu trabalho como contador de histórias garantir que a plateia não perca o interesse, e a melhor maneira de fazer isso é garantir que cada elemento da narrativa seja essencial. Elimine o que for sobressalente e foque em que for fundamental.

Como é possível determinar o que é essencial e o que pode ser cortado? A seguir, cinco maneiras de fazer essa verificação:

1. **ORGANIZE SUA HISTÓRIA COMO NO GRÁFICO DO ARCO NARRATIVO.**
Elimine os elementos que não se encaixam no arco.

2. **EXAMINE O INÍCIO COM ATENÇÃO.**
Frequentemente, quando as pessoas começam a escrever uma história, elas se perdem em muitas divagações. Por exemplo, podem começar uma história sobre um campeonato de natação inesquecível descrevendo a escola onde cursaram o ensino médio, o melhor amigo e o sanduíche que comeram no almoço antes de enfim chegarem ao foco da história. Eu tenho o hábito notório de não começar a história antes da página três do meu primeiro rascunho. As seções iniciais tendem a ter mais "encheção de linguiça" e, portanto, menos essenciais para a história final. Pergunte sempre a si mesmo: este é o melhor lugar para começar?

3. **ELIMINE QUALQUER COISA QUE DEIXE SEU PÚBLICO DE FORA.**
Sabe aquele momento com seu primo que faz você rir porque tem a ver com uma piada interna, que você sabe que deve cortar, mas preferia não tirar porque é engraçado demais? Definitivamente, corte essa parte.

4. **PRATIQUE E PRATIQUE MAIS UM POUCO.**
Se quiser, pule para a "Regra Nº 9: Não deixe de praticar" e continue a ler sua história em voz alta. Ler seu trabalho em voz alta para outra pessoa pode lhe ajudar a perceber o que precisa sair do texto.

5. **PENSE NO DESFECHO.**
Na "Regra Nº 5: Surpreenda no final", vamos falar sobre as minúcias necessárias para se criar um grande final, mas vale a pena deixar claro aqui que os finais precisam ser concisos e não devem abrir novos caminhos. É necessário que todas as informações presentes no desfecho estejam localizadas em trechos anteriores da história.

PRENDA A ATENÇÃO DO PÚBLICO

Como contador de histórias, você precisa da atenção do público e deve conquistá-la rapidamente. Veja esta passagem: "Estava cinza, e o ar tremulava. Eu estava flutuando, mas também caindo. Tudo estava desfocado, e pensei que podia estar voando, ou talvez embaixo da terra. As linhas se moviam, e eu podia senti-las rolando sobre mim." O que está acontecendo nesse parágrafo? Quem é o sujeito? Onde eles estão? Se você não sabe as respostas para essas perguntas, você não é o único.

Essa história veio de um sonho, e você não sabe o que está acontecendo porque o narrador mesmo não tem certeza do que está se passando. Isso não é muito satisfatório, certo? A verdade é que não ser capaz de explicar o que está acontecendo é uma maneira terrível de começar uma história. Se seu público não souber o que está acontecendo, eles vão deixar de prestar atenção rapidamente.

Para prender a atenção do ouvinte com eficácia é importante reduzir a história as suas partes mais essenciais, sendo também importante que essas partes sejam povoadas por detalhes claros e transparentes. São os detalhes que atraem os ouvintes para o mundo da narrativa. Se você for para a casa da sua avó e se sentar em um sofá azul coberto por uma película plástica, as pessoas podem criar uma noção de como é o restante da sala de estar dela. Eles podem imaginar que há uma louça de cristal com balas sobre a mesa de centro, uma vela antiga que nunca foi acesa e uma revista do semestre passado. Eles podem visualizar isso porque os detalhes nos puxam para fora do nosso mundo em direção ao do narrador.

Os melhores detalhes são únicos e surpreendentes.

Quanto mais específicos forem seus detalhes, melhor. Você pode ficar com receio de perder a atenção das pessoas caso fale especificamente sobre o conteúdo de uma revista para adolescentes que você estava lendo quando foi interrompido pelo toque do telefone... No entanto, posso garantir que o nível de especificidade transportará, como por mágica, seus ouvintes diretamente para aquela sala com você. Os melhores detalhes são únicos e surpreendentes.

A seguir, algumas maneiras de escolher imagens evocativas:

UTILIZE-SE DE TODOS OS CINCO SENTIDOS. Visão, audição, paladar, tato e olfato são portas de entrada para sua história. Se você mencionar alguma coisa, certifique-se de utilizar detalhes sensoriais para ajudar os ouvintes a experienciar essas sensações. Se o assunto for "comida", informe-nos exatamente qual era o sabor. Utilize sabores e cheiros para fazer nossos estômagos roncarem.

AO APRESENTAR UM PERSONAGEM, DÊ UM DETALHE ÚNICO QUE NOS MOSTRE QUEM ELE É. Quando apresento meu amigo Mark em uma história, falo sobre como a energia da sala se transforma toda vez que ele é mencionado. Todos sempre se voltam para ele e sua personalidade dinâmica.

ILUSTRE COMO VOCÊ ESTÁ SE SENTINDO. Dizer: "Eu estava nervoso" é genérico, mas dizer: "Eu não conseguia parar de mover meus dedos e minha boca estava seca, independente do quanto de água bebesse" nos mostra como você, de maneira específica, experimenta o nervosismo.

NÃO TENHA MEDO DE PARECER ESQUISITO. Os melhores detalhes são os verdadeiros e que, ao mesmo tempo, causam estranheza ao observador externo. Uma vez, contei uma história em que mencionava que a minha babá tinha quebrado a perna depois de escorregar em molho de cachorro-quente em uma loja de departamentos. À medida que compartilhava os detalhes, percebia com espanto a reação da plateia. Eles riram por um minuto inteiro. Para mim, não era nada além da verdade, mas para eles era uma forma estranha e encantadora de contar sobre alguém quebrando a perna.

FOQUE EM DETALHES. Quanto menor for o detalhe, melhor podemos perceber o universo que está sendo criado. A frase "o universal está no específico" é muito verdadeira. Mostre-me o sofá, e eu posso ver a sala de estar. Mostre-me o que tem no bolso, e poderei imaginar como você é.

Embora os detalhes sejam importantes, lembre-se que o motor da história é o enredo. Os detalhes podem nos puxar para dentro, mas o enredo nos manterá lá. Quando você está descrevendo detalhes ou personagens em sua história, lembre-se de que o principal é a necessidade de uma única imagem arrebatadora.

> **Os detalhes podem nos puxar para dentro, mas o enredo nos manterá lá.**

NÃO SEJA UM CLICHÊ

Nas aulas de escrita criativa, os alunos são advertidos, com frequência, contra o uso de clichês. Mas o que seria um clichê? É uma imagem ou expressão usada em excesso, e que, por isso, torna-se sem sentido. A ironia dos clichês é que eles costumavam ser eficazes antes de todos começarem a usá-los. Sua potência foi diminuída pelo uso excessivo, e agora não carregam o mesmo peso.

Um clichê é:

A primeira coisa em que você pensa
A solução mais fácil
Algo que não reflete a sua voz ou seu ponto de vista
O inimigo de uma boa história

Ao se deparar com um clichê em sua história, você deve cortá-lo e substituí-lo por sua voz narrativa, seus detalhes e sua perspectiva única. Cada clichê utilizado é uma oportunidade perdida de nos mostrar seu universo e como você o vê.

Um clichê verbal é uma expressão amplamente difundida que todos nós já ouvimos por inúmeras vezes. Abaixo, estão listados alguns exemplos de clichês verbais e, em seguida, um "ponto de vista renovado" que retoma a ideia, mas de uma maneira reformulada, a fim de torná-la muito mais específica e, portanto, muito mais poderosa.

CLICHÊ VERBAL	PONTO DE VISTA RENOVADO
Só se vive uma vez.	Estou com muito medo, mas vou seguir em frente assim mesmo.
Depois da tempestade sempre vem a bonança.	A verdade sobre o fundo do poço é que você só se dá conta de como é lá embaixo depois que não está mais lá.
O resumo da ópera é: a gente estava perdido.	O momento em que você se questiona se está perdido é bem depois de já estar realmente perdido.
Era bom demais para ser verdade.	Era como se, ao olhar por mais tempo, tudo desaparecesse.

Um clichê narrativo é diferente de um verbal, porque neste último o clichê não se encontra apenas na maneira como as frases são construídas, e sim no enredo da própria história. O clichê narrativo é um modo de contar a história que já foi utilizado centenas de vezes. São comumente empregados no início e desenvolvimento das narrativas. No quadro a seguir, alguns clichês narrativos e a maneira de subvertê-los:

CLICHÊ NARRATIVO	PONTO DE VISTA RENOVADO
Ele não sabia quase nada da vida.	Ele tem alguns objetivos, mas toma decisões equivocadas mesmo assim.
O melhor amigo excêntrico.	O melhor amigo excêntrico e muito seguro de si, mas que também tem alguns defeitos.
Amor não correspondido.	Amor correspondido, mas que é confuso e complicado.

CLICHÊ NARRATIVO	PONTO DE VISTA RENOVADO
Pais irresponsáveis resultando em filhos com péssimo comportamento.	O mau comportamento do filho sendo causado pela própria necessidade da criança de experimentar.

Um clichê de desfecho acontece quando o recurso empregado para finalizar uma história é óbvio ou já foi repetido por várias pessoas. O rapaz fica com a garota? O vilão é punido de alguma maneira? O mordomo foi o culpado? A seguir, alguns típicos clichês de desfecho utilizados na narração de histórias e formas de combatê-los.

CLICHÊ DE DESFECHO	PONTO DE VISTA RENOVADO
"E foi então que eu percebi..."	Eu deveria ter percebido daquela vez, mas nada aconteceu.
Todos riem, ao estilo de uma *sitcom*.	Tudo parece resolvido, mas você ainda carrega incertezas.
E então tudo mudou para sempre.	E então tudo mudou, mas o dia seguinte me pareceu estranhamente familiar.

As regras subconscientes do storytelling

Como é possível garantir que a sua história está expressando a sua real intenção? O filósofo britânico H. P. Grice estabeleceu quatro máximas para a comunicação que são um ótimo guia a se pôr em prática:

1. **Quantidade:** Seja o mais informativo possível e dê o máximo de informações que for necessário, mas nada além disso.

2. **Qualidade:** Seja sincero e não dê informações que sejam falsas ou que não possam ser comprovadas.
3. **Relação:** Seja relevante e acrescente o que for pertinente às discussões.
4. **Modo:** Seja claro, breve, o mais ordenado possível e evite ser ambíguo.

Como você pode ver, essas máximas se alinham perfeitamente com um storytelling eficiente. A intenção é ser informativo, mas sem falar muito; ser sincero; fornecer apenas detalhes que sejam relevantes para a compreensão da história; ser claro, direto e conciso.

As pessoas que ouvirem sua história não vão avaliá-la de forma consciente e com base nas máximas de Grice, mas se você seguir as quatro, então é provável que sua história seja muito eficaz.

PRÁTICA: ADICIONE E ELIMINE

É a sua vez de ser o editor. Enquanto lê a história seguinte, marque qualquer frase que você eliminaria. Observe também quaisquer oportunidades em que possa acrescentar detalhes adicionais.

Às duas da manhã, eu o ouço chorar. Estou usando dois tampões para os ouvidos, um em cada orelha. Eu guardo três tampões para os ouvidos na minha fronha. Tem aquele de plástico laranja com três camadas que é o melhor para abafar o ronco do meu marido. Tem o amarelo-limão e rosa que parece um foguete espacial, que o meu gato vai mastigar e jogar pelos cantos, caso algum dia ele caia no chão. É necessário enrolar o tampão bem apertado e enfiá-lo profundamente no ouvido para que possa se expandir agradavelmente por toda a cavidade auditiva e bloquear todo o som de longa distância — não tão bom para o ronco, mas ótimo para quando os vizinhos estão bebendo no vão entre as nossas casas e o som de suas festividades me faz querer banir a cerveja e o riso e qualquer tipo de diversão que ocorra enquanto estou tentando dormir. Tem aquele bege sem graça, que era o único tipo disponível na lojinha do bairro, que também precisa ser enrolado bem apertado e enfiado no ouvido para que possa se expandir. Eu sou supersticiosa — eu preciso ter a certeza de que o de plástico laranja está no meu ouvido esquerdo, caso contrário o bebê acorda cedo. Eu sei que isso é bobagem, mas costumo ficar nervosa demais para experimentar outro tampão de ouvido. Pensei que não seria capaz de usar tampões para os ouvidos depois de ter um bebê, mas isso foi antes de eu ter um bebê, quando eu pensava muito em coisas que não se provariam verdade: que eu entraria em trabalho de parto espontaneamente, que eu nunca precisaria da peridural ou usaria a mistura de leite. Pensei que teria que abrir mão do meu hábito de usar tampões de ouvido porque precisaria ser capaz de ouvir o bebê. Eu não sabia que ouvir o bebê não seria difícil — e que não o ouvir é que seria difícil. Eu o ouço o tempo todo. Eu o ouço se mover no berço, eu o ouço suspirar, eu ouço lutar contra o seu cueiro, eu o ouço começar a pensar em chorar, eu o ouço pensar ativamente no choro, e eu sempre, sempre, sempre, sempre o ouço chorar. Eu não ouço com meus ouvidos. Eu o ouço com as minhas entranhas. Eu o ouço nas contrações do meu útero. Eu o ouço nos meus lugares mais profundos, onde não se pode usar um tampão. O som de seu choro me desperta do sono profundo, mesmo com dois tampões para os ouvidos abafando o som. Eu ouço e acordo imediatamente, e antes mesmo de perceber onde estou, já saí em direção a ele. Ele não está em nossa cama, mas começo a dar tapinhas nos lençóis com as duas mãos, procurando por sua cabeça. Então o resto de mim acorda, e eu percebo que ele não está na cama, ele está em seu berço no outro quarto, e eu devo sair da cama e ir até ele para lhe dar a comida que está pedindo com a única linguagem que tem: lágrimas, lamentações e soluços que sacodem o corpo.

CHECKLIST

☐ Edite a sua história do início ao fim. Pegue o que você criou e reduza a apenas quinhentas palavras ou o equivalente a dois minutos. O que você foi capaz de manter com esse tipo de imposição?

☐ Adicione de volta partes da história até que você tenha 1.200 palavras ou o equivalente a seis minutos. O que você acrescentou?

☐ Desenvolva os detalhes. Releia sua história e encontre o ponto em que pode acrescentar um detalhe singular e cativante.

☐ Leia ou escute sua história em busca de clichês. Como você pode substituí-los por algo mais interessante?

☐ Volte à lista de Grice. Avalie sua história pensando nas orientações do filósofo. A narrativa atende às quatro máximas?

REGRA Nº 5
SURPREENDA NO DESFECHO

FINALIZANDO COM CONTUNDÊNCIA

Eu odeio finais. Em meu mestrado, argumentava com meus professores que desfechos eram entediantes e desnecessários. Não podia simplesmente parar de contar a história e decretar o fim? Tinha a impressão (equivocada) de que quando o enredo se encerrava, a história acabava e o trabalho do autor estava pronto. Meus professores deixaram claro que o trabalho não acabava só porque o problema tinha sido solucionado. O final não é a solução. O final é a resolução. Uma solução é a ação e uma resolução é como você se sente sobre essa ação. Se você conta uma história sobre um mau relacionamento, a solução é terminar, mas a resolução é então como você se sente sobre o término. Você se sente abandonado? Deprimido? Esperançoso? Todas as opções anteriores?

O desfecho não é onde a história para; o desfecho é o que a história quer dizer.

Depois de todo o trabalho que você teve para contar a história, o desfecho é o que encaminha o significado, e é o último elemento que fica com o público. É a sensação que eles vão carregar quando fecharem o livro ou forem embora da performance ou da reunião social. Com um final abrupto e pouco claro, mesmo a história mais surpreendente se torna um pouco confusa. Qualquer que seja seu objetivo em contar uma história — entreter, informar ou persuadir — o desfecho deve assegurar que você alcance esse objetivo.

GRANDES DESFECHOS

O objetivo, é claro, é terminar a história de uma maneira contundente e bem pensada. A seguir, alguns modelos de desfecho eficazes que você pode usar para pensar a sua história.

ELEMENTO SURPRESA: Uma virada memorável ou frase de efeito que pega o público desprevenido

REVERBERAÇÃO: Um eco inesperado e significativo de um tema ou imagem do início da história

AVANÇO RÁPIDO: Um salto temporal à frente que revela os efeitos surpreendentes da história que acabamos de ouvir

CÍRCULO COMPLETO: Voltar ao início da história com um novo senso de propósito ou sabedoria que adquirimos na duração da narrativa

Há uma história que conto sobre a vez em que ateei fogo ao meu apartamento. Já contei de várias maneiras, em várias durações, para vários públicos e com todos os tipos de desfecho. Vou levá-lo por uma rápida visão geral da história, e então investigaremos como aplicar os diferentes tipos de desfecho mudam o sentido geral.

 Era uma manhã de sábado, em maio, e acordei me sentindo bem — do jeito que você sente somente depois de ter passado os últimos nove meses entocada no apartamento após uma separação desagradável, bebendo muito uísque, vendo um reality show com muita baixaria na TV e ligando para a própria irmã de madrugada, dizendo: "Me impeça de falar com ele. Quero enviar uma mensagem de texto para ele. Por favor, não me deixe mandar uma mensagem para ele." Estava vivendo sozinha pela primeira vez na minha vida após a horrível separação de uma relação de longa data. Estava aterrorizada de viver por conta própria, e preocupada por ter desperdiçado minha única chance de me apaixonar. Nesse relacionamento, meu ex e a família dele cuidavam bem de mim, me ajudando quando meu carro quebrava ou quando alguma coisa na nossa casa precisava de reparo. Ele também não me achava grande coisa, questionava minhas decisões com frequência e gritava "O QUE VOCÊ ESTÁ FAZENDO?" sempre que eu tentava resolver algo por conta própria.

 Agora, de coração partido e vivendo sozinha, decidi, nesta manhã vibrante de primavera, que limparia meu apartamento do jeito que eu, uma mulher solteira e independente, quisesse: com um esfregão que já vem com o pano acoplado. Na separação, eu tinha perdido a vassoura para o meu ex, e eu não tinha comprado outra, porque, por alguma razão, seria muito doloroso psicologicamente. Enquanto estava limpando, decidi me tornar uma mulher independente, ainda mais autossuficiente, e cuidar dos reparos da casa pessoalmente. A saber, a minha garrafa de água caríssima havia caído atrás do fogão e eu a queria de volta. Estava no meio da limpeza, então eu peguei o fogão e o afastei para longe da parede. Recuperei a garrafa de água e coloquei o fogão de volta no lugar. Me sentia forte e competente, como se, talvez, tudo fosse ficar bem.

E então senti o cheiro de gás. E então a chama do fogão acendeu, e de repente meu apartamento estava em chamas. Me assustei e liguei para o corpo de bombeiros e eles vieram apagar o fogo. Depois que saíram, sentei-me no sofá, no meu apartamento agora destruído. O fogão tinha sido arrancado da parede e atirado pela sala. A geladeira tombada de lado, aberta, o conteúdo todo espalhado. Os bombeiros fizeram um buraco na parede de gesso, e havia restos de cinza por toda parte. Havia uma linha escura deixada pela fumaça nas paredes, água em todos os cantos, e o cheiro que ficou era horrível. Sentei-me no sofá encharcado enquanto a água penetrava lentamente nas minhas calças. Não sabia o que fazer a seguir. Tinha pensado que estava melhorando, tornando-me uma mulher forte e independente, mas agora me sentia como uma criança idiota que não sabia como o sistema de gás funcionava e que poderia ter incendiado o edifício inteiro.

O tipo de final escolhido vai depender do tempo disponível, do público e do objetivo. Os seguintes aspectos precisam ser considerados: qual é a sensação que você quer deixar no público? Quando eles pensarem em sua história mais tarde, do que quer que eles se lembrem? Se o objetivo for ser engraçado, incluir Elemento Surpresa é o ideal. Contudo, se quiser levar lágrimas aos olhos das pessoas, então o Círculo Completo é uma ótima maneira de evocar a atração que vem de um saber arduamente conquistado.

Na próxima página, examinaremos como o objetivo da história muda com base em cada um dos desfechos.

OBJETIVO	PÚBLICO/ DURAÇÃO	TIPO DE DESFECHO	DESFECHO
Mostrar que a dor de uma separação é, em último caso, melhor do que sustentar uma relação falida.	Grupo de retiro corporativo; história de cinco minutos	Elemento Surpresa	De fato, o meu ex tinha razão sobre a minha incapacidade consertar as coisas em casa. Mas só em relação a isso.
Mostrar que às vezes tomamos decisões equivocadas e que precisamos aceitá-las para seguir em frente.	Público frequentador de shows de stand-up comedy; história de cinco minutos	Reverberação	Eu olhava para a bagunça. Não sabia como lidar com a situação. Nem uma vassoura eu tinha. Então me refiz, saí, e comprei uma nova.
Mostrar que o parceiro ideal aceita até os defeitos do outro.	Apresentação de storytelling; história de sete minutos	Avanço Rápido	Não fazia ideia de quão pouco tempo duraria aquela época. Parecia que iria durar pelo resto da minha vida, mas dois anos depois eu estava em um apartamento novo, apaixonada por um homem que me encorajava a experimentar coisas novas, mas que sempre mantinha um extintor de incêndio por perto.
Mostrar que somos melhores do que nossos piores momentos.	Apresentação de storytelling; história de dez minutos	Círculo Completo	No entanto, aquela manhã em que acordei me sentindo bem não era uma exceção. Tive outras manhãs como essa, quando acordava com minha cozinha carbonizada, aumentava o volume da música e dançava na frente do espelho. Porque as piores coisas já tinham acontecido. O amor tinha acabado, e eu, de fato, tinha colocado fogo no apartamento. Mas o sol ainda entrava pela minha janela, e eu me sentia feliz. Por isso eu dançava.

Há outros tipos de desfecho além daqueles que vimos aqui, mas esses quatro são formas simples e eficazes de concluir sua história para garantir que o público entenda seu objetivo.

ESQUEMATIZE SEU DESFECHO

Independente do desfecho escolhido, é importante que a base para esse final esteja colocada mais cedo na história. Digamos, por exemplo, que você queira a imagem da cadeira de balanço da sua avó vazia para ressoar no fim da narrativa. Para que isso aconteça, você deve introduzir a cadeira pelo menos uma vez antes do final da narrativa. A maioria das informações presentes em uma história deve encaminhar a compreensão do desfecho. Ao voltarmos para o rascunho produzido na página 69, veremos que eu incluí todos os detalhes necessários para que cada um dos quatro desfechos funcione: o relacionamento falido com o Elemento Surpresa, a vassoura com a Reverberação, as críticas do meu ex com o Avanço Rápido e o medo de nunca ser feliz de novo com o Círculo Completo.

Uma vez que você sabe qual final vai usar, é possível fazer o percurso inverso na sua história para garantir que o desfecho tenha o efeito esperado. E assim como você aprendeu na escola, quando tinha que escrever uma redação clássica com cinco parágrafos, o final não deve incluir novas informações — isso só confundiria os ouvintes.

Qualquer que seja seu objetivo em contar uma história — entreter, informar ou persuadir — o desfecho deve garantir que você consiga esse objetivo.

A seguir, pontos da história que devem ser enfatizados de acordo com o desfecho escolhido:

TIPO DE DESFECHO	DESFECHO	INFORMAÇÃO ADICIONADA À HISTÓRIA A FIM DE GARANTIR O EFEITO NO DESFECHO
Elemento Surpresa	De fato, o meu ex tinha razão sobre a minha incapacidade com o reparo das coisas em casa. Mas só em relação a isso.	Meu ex falando da minha incapacidade em consertar coisas.
Reverberação	Eu olhava para a bagunça. Não sabia como lidar com a situação. Nem uma vassoura eu tinha. Então me refiz, saí e comprei uma nova.	O motivo de não ter uma vassoura até aquele momento.
Avanço Rápido	Não fazia ideia de quão pouco tempo duraria aquela época. Parecia que duraria pelo resto da minha vida, mas dois anos depois eu estava num apartamento novo, apaixonada por um homem que me encorajava a experimentar coisas novas, mas sempre mantinha um extintor de incêndio por perto.	O meu medo de ficar sozinha para sempre depois do término do namoro e a maneira como o ex reagia à minha iniciativa de experimentar coisas novas.
Círculo Completo	No entanto, aquela manhã, em que acordei me sentindo bem, não era uma exceção. Tive outras manhãs como essa, quando acordava com minha cozinha carbonizada, aumentava o volume da música e dançava na frente do espelho. Porque as piores coisas já tinham acontecido. O amor tinha acabado, e eu, de fato, tinha colocado fogo no apartamento. Mas o sol ainda entrava pela minha janela, e eu me sentia feliz. Por isso eu dançava.	O medo que tinha de viver sozinha e o quão certa eu estava de que nunca mais seria feliz.

PRÁTICA: APLIQUE OS TIPOS DE DESFECHO

A seguir, há uma lista com narrativas clássicas. Determine que tipo de desfecho cada história utiliza e por que você acha isso.

O Rei Leão

Star Wars

Romeu e Julieta

Casablanca

Meu Primeiro Amor

Resposta:

O Rei Leão: **Círculo Completo** do jovem Simba sonhando em ser rei até o Simba do presente como rei na Pedra do Reino segurando seu próprio filho.

Star Wars: **Avanço Rápido** da explosão da Estrela da Morte e, em seguida, Luke aterrissando na cerimônia de entrega de medalhas, em que Leia premia Luke, Han e Chewie pela bravura.

Romeu e Julieta: a morte dos jovens amantes evoca a ideia de **Círculo Completo**, pois a peça se inicia com a informação de que estão destinados a morrer.

Casablanca: encerra com um **Elemento Surpresa**, quando os protagonistas deixam o Marrocos e Rick Blaine, o dono da casa noturna, diz a Louis Renault, o corrupto capitão de polícia: "Louis, acho que este é o começo de uma bela amizade."

Meu Primeiro Amor: nesse desfecho com **Reverberação**, a mãe de Thomas J. Sennett devolve o anel de humor que Vada tinha perdido e que fora indiretamente responsável pela morte acidental de Thomas J., que morreu enquanto o procurava.

CHECKLIST

☐ Considere o último filme que você assistiu e reflita sobre o seu final.

☐ Qual dos quatro tipos de desfecho foi usado no filme em questão?

☐ Como ele foi esquematizado no filme? Que informações necessárias foram incluídas anteriormente na narrativa para que o final fizesse sentido?

☐ Pegue uma história que você tenha criado e escreva quatro desfechos, um para cada tipo:

- Elemento Surpresa
- Reverberação
- Avanço Rápido
- Círculo Completo

PARTE DOIS
CONTE SUA HISTÓRIA

REGRA Nº 6
TODO MUNDO CONSEGUE CONSTRUIR UMA HISTÓRIA

SIM, ATÉ MESMO VOCÊ

Na Parte Um deste livro, tratamos de cinco etapas que podem ajudar você a elaborar uma história cativante. Agora é hora de aprender como contar sua história, em voz alta, para um público. Tenha em mente que por "público" refiro-me a qualquer pessoa que esteja ouvindo; seja durante uma apresentação na frente de um grande público, para apenas uma pessoa durante uma entrevista de emprego ou uma venda, ou diante de um grupo de amigos íntimos em uma festa. Qualquer que seja a situação, as mesmas estratégias podem ser aplicadas.

Quando você vê alguém na frente de uma multidão falando e se saindo bem, seu primeiro pensamento pode ser o de acreditar que se trata de um orador talentoso por natureza. A partir da ideia de que algumas pessoas são artistas natos, eu gostaria de dissipar a crença de que apenas esse tipo de pessoa é capaz de compartilhar histórias. A verdade é que um bom desempenho na performance nunca compensará uma história mal realizada, mas uma boa história contada por um *performer* inexperiente pode, ainda assim, repercutir com o público.

Um bom desempenho na performance nunca compensará uma história mal realizada, mas uma boa história contada por um *performer* inexperiente pode, ainda assim, repercutir com o público.

A melhor história que eu já ouvi

A melhor história que eu já ouvi foi contada por uma mulher em uma noite de apresentações no Story Club, de Cleveland. Ela não tinha ido à apresentação esperando subir ao palco. Ela apareceu com uma bebê de três meses na intenção de dar apoio a um amigo, que tinha planos de se apresentar naquela noite e também para sair um pouco de casa. Não tínhamos muitas inscrições para apresentações, por isso eu disse ao público que tínhamos vagas, caso alguém quisesse participar. Levando a bebê, que dormia, a mulher subiu para o palco sem anotações e se jogou na narração. Ela falou sobre o transtorno alimentar da mãe e sobre os próprios problemas com alimentação que enfrentou enquanto tentava uma carreira na dança. Ela falou da dificuldade de esconder esse problema da filha mais velha, e sobre como essa filha dava os próprios sinais de tentar controlar o mundo através de sua ingestão calórica. E ela falou sobre a bebê, dormindo em seus braços, e quanto medo ela tinha de que também estivesse destinada a experimentar a mesma dor e agonia com a comida, assim como as outras mulheres da família. Ela disse ao público que seria sincera com sua bebezinha sobre a própria relação conturbada que tinha com a alimentação. A bebê despertou no meio da história e a mulher a apoiou no colo. Ela falava com voz suave e muita honestidade. Ela não havia planejado dizer tudo o que disse, mas a história ganhou vida em um momento de bravura e de verdade. O público chorava enquanto a mulher retornava ao seu lugar.

Não é aconselhável ficar no palco com um bebê no colo, também não se deve contar a história com uma voz suave, nem ficar com o corpo parado no mesmo ponto enquanto fala. Essa mulher fez tudo isso, e ainda assim sua história foi votada como a melhor da noite pelo público. A verdade de suas palavras ofereceu mais do que uma ótima apresentação jamais poderia ter.

DEZ MANEIRAS SIMPLES DE MELHORAR SUA CONFIANÇA

Se a ideia de subir ao palco o deixa nervoso, você não está sozinho. Ficar diante de um público, mesmo se for de apenas uma pessoa, é uma decisão intimidadora a se tomar. E se eles não gostarem do que você está dizendo? Eu me apresento há muitos anos, e ainda fico nervosa antes de cada performance. Ficar nervoso é normal. Se todos nós esperássemos a confiança chegar, ninguém jamais subiria ao palco!

Muitos dos novos contadores de histórias acreditam que a confiança deve existir antes de serem capazes de se apresentar, mas não é assim que funciona. A confiança que vem de se apresentar é construída de fora para dentro. É possível que você comece nesse ramo sem se sentir confiante, portanto, é preciso fingir. Quando você se apresenta como alguém confiante, o público acredita que você é assim, e de repente — *tcharam!* — você realmente se torna confiante.

A seguir, dez maneiras de melhorar sua confiança:

1. **ENTENDA QUE O MEDO DO PALCO É NATURAL E NECESSÁRIO.**
O medo do palco é energético, e toda apresentação precisa de energia. Se você não fica com medo, então é porque você não se importa. Se você não se importa, sua apresentação não terá nenhuma energia que a sustente e cairá por terra

2. **TRANSFORME O NERVOSISMO EM ENTUSIASMO.**
Nervosismo e entusiasmo são o mesmo sentimento fisiológico com rótulos diferentes. Quando se está nervoso, o coração bate mais rápido, as palmas das mãos ficam suadas, e a mente acelera. Quando se está entusiasmado, sentimos praticamente as mesmas coisas. Por isso quando você pensar em contar a sua história e se sentir nervoso, diga a si mesmo: "Estou entusiasmado para contar minha história."

3. **SAIBA QUE O PÚBLICO ESTÁ DO SEU LADO.**
   Pense nas vezes em que fez parte de uma plateia, assistindo a uma apresentação que não estava indo bem. Como você se sentiu? Desconfortável, certo? Você se retorceu em seu assento, na esperança de que o intérprete conseguisse resolver o problema e poupá-lo do desconforto de vê-lo se debater. Saiba que o público quer que você se saia bem porque eles não querem se sentir desconfortáveis. Eles perdoarão quase tudo, contanto que você lide com a situação de forma graciosa.

4. **NÃO SE PREOCUPE COM OS ERROS.**
   A verdade é que não é possível estragar tudo, porque ninguém conhece o seu repertório. Você está contando uma história criada por você, por isso ninguém vai perceber caso esqueça de uma palavra ou pule trechos da história. Se cometer um erro, simplesmente continue. O público não tem como saber que você errou, a menos que diga que errou. Não fale algo do tipo: "ops...", "ah não", "acho que devo voltar a uma parte". Apenas faça o que precisa fazer e siga em frente. A probabilidade é que eles nem mesmo notem que algo estava errado.

5. **OBSERVE OUTROS ARTISTAS E APRENDA COM O QUE ELES FAZEM.**
   Como eles se comportam no palco? O que os faz parecer tranquilos? Asseguro a você que todo comediante de stand-up comedy quando grava um especial da Netflix, fica surtando internamente. Estude-os. Por que eles parecem tão seguros? O que eles estão fazendo que você pode imitar?

6. **PREPARE-SE PARA O LOCAL DE APRESENTAÇÃO.**
   Entenda o que terá ao redor e pratique com essa configuração em mente. Se houver um microfone, então você precisará ter a certeza de que fala diretamente para o dispositivo. Se

houver um púlpito, então você terá um lugar para colocar suas anotações, caso esteja lendo.

7. **PRESTE ATENÇÃO ÀS PRÓPRIAS MÃOS.**
Se estiver lendo, coloque suas folhas em uma pasta, fichário ou suporte de partituras para que suas mãos fiquem livres para reforçar seus pontos principais. Não coloque as mãos nos bolsos. Além disso, não fique mexendo nas próprias roupas, no cabelo ou retirando remela dos olhos. Deixe suas mãos se moverem como costumam fazer normalmente enquanto você fala. Se não tiver certeza do que fazer com elas, apenas as mantenha paradas.

8. **MANTENHA OS PÉS QUIETOS.**
Quando chegar ao "palco", mesmo que seja um escritório para uma entrevista, encontre uma posição e se mantenha nela. Não fique se balançando e não caminhe a esmo. Caso se movimente, torne a ação proposital. Pode parecer estranho ficar de pé completamente parado, mas causa menos distrações ao público.

9. **NÃO SE PREOCUPE SE O PÚBLICO GOSTA OU NÃO DA SUA HISTÓRIA.**
Seu objetivo é garantir que a mensagem esteja sendo entregue. Não é possível controlar a reação do ouvinte à mensagem, mas você pode se assegurar de que eles recebam, ou não, sua mensagem. Quando estiver dizendo as suas verdades de uma maneira acessível e compreensível, aí você estará executando um bom trabalho. Em muitas situações relativas ao storytelling não é possível saber se o público gostou ou não da história contada, por isso ficar se preocupando não ajuda em nada. Concentre-se em sua mensagem.

10. **LEMBRE-SE QUE NINGUÉM PODE CONTAR SUA HISTÓRIA A NÃO SER VOCÊ MESMO.** Sua perspectiva, sua voz e sua experiência têm valor. Ninguém mais no mundo pode contar a sua versão de uma história. O mundo quer ouvir o que você tem a dizer.

Ficar nervoso é normal. Se todos nós esperássemos a confiança chegar, ninguém jamais subiria ao palco!

UMA NOTA SOBRE OS "-ISMOS"

Muitos *performers* novatos possuem maneirismos (ou "-ismos", para resumir) que desconhecem. São manifestações físicas de nervosismo que as pessoas fazem inconscientemente apenas quando estão se apresentando na frente de um grupo de pessoas. Alguns andam a esmo pelo palco. Outros ficam parados em um lugar, mas se balançam o suficiente para deixar o público enjoado. Outros colocam os cabelos para trás das orelhas constantemente. Alguns puxam as orelhas, piscam de maneira excessiva ou passam a língua nos lábios. Quando eu fico na frente das pessoas, agarro o dedo médio da mão esquerda com minha direita e não largo jamais. Um professor me apontou esse hábito, mas inicialmente eu não acreditei nele. E então, durante uma apresentação, eu me flagrei segurando meu dedo do meio. Eu tinha que me dar algo mais a fazer com as mãos para permitir que esse hábito tão estranho fosse embora. Hoje em dia, mantenho as mãos relaxadas ao lado do corpo ou as utilizo para gesticular.

É importante a prática de se apresentar na frente das pessoas para que, assim, você possa descobrir se tem um "-ismo" e, se for o caso, qual é. Uma vez descoberto, pode arranjar maneiras de minimizar o problema, para que o público se mantenha focado apenas na história. Apresente-se como uma pessoa confiante e o público o perceberá desta maneira.

PRÁTICA: LEVANTE-SE E FALE

Encontre alguém disposto a ser seu público e conte-lhe uma história. Não uma história sua. Em vez disso, leia um artigo de revista ou o capítulo de um livro. Faça com que seu público se sente em uma cadeira enquanto você se coloca na frente deles. Observe os movimentos internos do corpo enquanto fala. Suas mãos tremem? Você está balançando de um lado para o outro? Você está andando a esmo pelo espaço? Depois, peça à pessoa que lhe dê um feedback sobre como foi seu desempenho e que lhe diga o que você poderia fazer para se mostrar ainda mais confiante em uma próxima oportunidade.

CHECKLIST

- Conte sua história para outro ser vivo que não seja uma pessoa, como uma planta ou um gato.

- Consiga que um amigo ou um parceiro seja seu público para que você possa contar sua história para eles. Solicite um feedback com relação à performance.

- Conte sua história a algumas pessoas, e grave um vídeo seu no momento da narração. Veja o vídeo. O que você faz que não estava ciente?

- Como seu nervosismo se manifesta? O que você pode fazer para combatê-lo, a fim de parecer confiante durante uma apresentação?

REGRA Nº 7
VULNERABILIDADE É POTÊNCIA

TODOS SOMOS UMA PILHA DE NERVOS

É assustador se sentir vulnerável. A gente sente necessidade de se proteger, isolando-se, guardando as coisas para si, não dizendo toda a verdade. Mas a honestidade é necessária para contar uma boa história e, portanto, também a vulnerabilidade. Sem honestidade, o público não consegue confiar em você. Eles precisam ver o *performer*, o *você real*, com todos os defeitos, para que possam se relacionar com ele. Porque todos têm defeitos e todos são vulneráveis.

É necessário ser honesto e honestidade requer vulnerabilidade.

Ao contar sua história, não é preciso revelar o pior pensamento que você já teve, mas você precisa revelar alguma coisa. É necessário ser honesto e honestidade requer vulnerabilidade. Quando se é honesto, quando é possível se abrir e mostrar a própria vida para alguém, você se torna vulnerável porque está se arriscando a ser julgado.

Depois de ter tido meu primeiro filho, fiz uma pausa nas narrativas. Alguns meses depois fui convidada a participar de uma apresentação de storytelling em Chicago, em uma noite que teria como tema a maternidade. Eu escrevi uma narrativa sobre como tinha sido terrível a fase de recém-nascido do bebê, incluindo meu momento mais vulnerável como mãe de primeira viagem, quando, na verdade, fiquei com medo de fazer mal ao meu bebê.

Eu era uma *performer* experiente, mas ainda assim estava aterrorizada em ter que contar essa história em público. Havia centenas de pessoas na plateia, e eu estava planejando contar a elas como eu era uma péssima mãe. Tinha certeza de que estava prestes a cometer um grande erro.

Sentei-me nos bastidores e esperei ansiosamente até que fosse a minha vez. Depois, subi ao palco e contei àquela sala cheia de estranhos sobre não dormir, sobre me ressentir do bebê, meus momentos vergonhosos, quando ele não parava de chorar e eu pensava em colocar sua cabeça embaixo d'água para que ele finalmente ficasse quieto. E o público... riu. Eles riram! Parei de falar por um momento, porque estava muito chocada. Eles estavam rindo? Estava compartilhando o pior momento da minha vida até hoje, meus momentos mais exaustos, ilógicos e horríveis, e consegui que eles rissem?

Contei essa história algumas vezes desde então e posso afirmar que não foi por acaso — essa narrativa geralmente suscita risadas. Percebi que é porque geralmente há pessoas na plateia que são pais de primeira viagem, e eles reconhecem a própria história nesse momento. Eles riem da minha honestidade, e riem porque compreendem.

Ficar vulnerável é estar exposto, mas também é ser visto. Quando você se coloca verdadeiramente nas situações, você permite que outros lhe vejam como realmente é e que eles reconheçam você na sua plenitude. Eles não estão vendo uma versão filtrada de você a partir das redes sociais, eles estão percebendo uma pessoa com emoções complexas e voz própria. Quando estiver vulnerável, você permitirá que outras pessoas lhe entendam e lhe apreciem. Com sorte, o público vai gostar do que você tem a dizer, apesar de não ser possível controlar a reação deles à sua verdade. Tudo o que você pode fazer é garantir que eles a compreendam. Faça com que eles lhe vejam.

COMPARTILHE O MOTIVO PELO QUAL VOCÊ SE IMPORTA

Na Regra Nº 2, conversamos sobre o arco narrativo e sobre como precisamos construir tensão em nossas histórias. Apresentar o problema que precisa ser solucionado é, sem dúvidas, um aspecto-chave do arco narrativo, mas compartilhar o *motivo* pelo qual você quer solucionar o problema também é um componente crucial.

Quando se está profundamente apaixonado por alguma coisa — seja uma pessoa, um trabalho, uma questão social etc. —, muitas vezes, há um momento em que se está tão concentrado que o mundo exterior deixa de existir. Você esquece de se preocupar se o cabelo está com boa aparência ou se tem restos de comida nos dentes. A única coisa que importa é você, parado ali, dizendo a outra pessoa porque se sente tão especial. Esse momento é como alçar um voo, mas ele também se parece com uma queda. É paixão e risco. Para ser um contador de histórias eficaz, é necessário estar disposto a assumir esse risco.

Se você quiser conquistar o público, mostre-lhes seus defeitos. É estranho porque a natureza do storytelling implica que a revelação seja, necessariamente, unilateral: você compartilha algo pessoal com o público sem receber nada em troca. Independentemente disso, saiba que seu gesto de humildade, de abrir os braços para os julgamentos, serve para criar um vínculo entre você e seus ouvintes. Deixe que vejam quem você realmente é mostrando-lhes alguém que não é perfeito. Claro, você se abre à desaprovação deles, mas se você estiver firme com sua verdade e tiver feito o trabalho de mostrar o porquê de se importar, é possível que eles também se importem.

Já testemunhei isso em inúmeras ocasiões. O público entra, conversando apenas com os próprios amigos, enquanto procura pelos seus lugares e pede suas bebidas. Nesse momento, a sala fica bastante silenciosa. Depois da apresentação, a sala explode em conversas. Ouvir os contadores de histórias que se mostram vulneráveis ao compartilhar suas histórias acaba tendo a tendência de unir estranhos de uma forma muito verdadeira.

Na verdade, esse fenômeno tem suporte científico. O neurocientista Paul J. Zak publicou um artigo acadêmico analisando o efeito que as histórias têm sobre as pessoas. Quando alguém compartilha uma narrativa bem contada e cheia de significados pessoais, quem escuta recebe um estímulo de oxitocina — a ligação química que nosso cérebro libera quando nos apaixonamos ou quando um pai ou uma mãe segura o recém-nascido pela primeira vez. No caso do storytelling, a oxitocina faz o público se sentir mais próximo do *performer*. Dr. Zak documentou essa conexão em um estudo no qual mostrou dois vídeos aos participantes. No primeiro, um menino e o pai estão em um zoológico; o menino é careca, mas nenhuma menção é feita sobre ele ter câncer. No outro, o pai descreve a dificuldade que enfrenta ao cuidar de uma criança em estado terminal. O neurocientista mediu a oxitocina no sangue dos espectadores antes e depois de cada vídeo. Ele descobriu que aqueles que viram o vídeo em que o pai comentava as dificuldades pelas quais estava passando apresentaram um aumento de oxitocina no sangue.

Quando se trata de criar a própria história, permitir-se ser vulnerável é uma maneira eficaz de garantir que o que você conta tenha impacto emocional.

Ficar vulnerável é estar exposto, mas também é ser visto.

PRÁTICA: ENCONTRE A SUA PAIXÃO

A seguir, cinco perguntas que vão ajudá-lo a se aprofundar em suas histórias e descobrir áreas que podem revelar a sua vulnerabilidade.

1. POR QUE VOCÊ QUER CONTAR ESTA HISTÓRIA?
2. O QUE AINDA O INCOMODA NESSA HISTÓRIA?
3. O QUE VOCÊ GOSTARIA DE TER DITO NA OCASIÃO?
4. SE ACONTECESSE HOJE, O QUE FARIA DE DIFERENTE?
5. QUE MENSAGEM VOCÊ DESEJA QUE AS PESSOAS TIREM DESTA HISTÓRIA?

CHECKLIST

☐ Pense em algo pelo qual você é apaixonado — uma causa, um acontecimento, uma ideia etc. Por que você tem uma opinião tão contundente em relação a isso? O que você gostaria que outras pessoas pudessem entender sobre essa questão?

☐ Retorne a uma história na qual você vem trabalhando. Leia-a mais uma vez, e depois acrescente uma nova frase. Comece essa frase da seguinte maneira: "O que eu realmente quero dizer é..." Complete a frase.

☐ Pense no início de sua história. Como você pode mostrar que se importa já nas palavras iniciais?

☐ Leia sua história novamente com um marcador de texto e destaque quaisquer seções nas quais você esteja evitando dizer alguma coisa. Pense no porquê. Você está com medo de ser julgado? Busque pensar no que diria verdadeiramente se soubesse que não seria julgado.

REGRA Nº 8
RESPEITE SEU PÚBLICO

COM QUEM VOCÊ ESTÁ FALANDO?

Um dos segredos para uma história de sucesso é adaptá-la ao público de forma cuidadosa. Uma narrativa que se sai muito bem em uma sala cheia de jovens com menos de trinta anos, bebendo cerveja, muito provavelmente não surtirá o mesmo efeito com um entrevistador, um cliente ou seus parentes ultraconservadores.

Então, por onde você começa? É necessário entender quem vai ser esse público e fazer a história funcionar para eles. Muito dessa preparação pode ser feito de antemão e o restante pode ser feito nos breves instantes que antecipam a realização da performance.

A seguir, cinco considerações que devem ser feitas e que podem ajudar a avaliar o público:

1. **PERFIL DEMOGRÁFICO**
   Eles são mais velhos que você? Mais jovens? Existe alguma dinâmica de poder em jogo? Por exemplo, você está falando com um empregador ou com um cliente? Ou você é o chefe falando com seus funcionários? Com quem você está falando, e a relação entre vocês, pode afetar a abordagem utilizada para contar a história. As pessoas tendem a se sentir mais confortáveis quando a narração acontece em um estilo que se encaixa no tom geral da ocasião. Por exemplo, em uma apresentação de negócios não é aconselhável usar gírias ou exagerar nas referências à cultura pop, mas, em um primeiro encontro, falar dessa maneira seria completamente esperado e apropriado.

2. **AMBIENTE**
   Onde você estará? Em uma sala de conferências silenciosa? Em um restaurante barulhento? Você vai se posicionar em um palco com o foco de luz em sua direção? Ou ficará de pé no fundo de um salão, tentando fazer com que algumas centenas de pessoas parem de conversar para ouvir o que você tem a

dizer? O ambiente no qual você está vai determinar a altura da voz e se vai ser necessário projetá-la. O público quer ser capaz de ouvir a narração e ficará desconfortável caso tenha que se esforçar para prestar atenção ao que está sendo dito. Se não for preciso competir pela atenção dos ouvintes, então não será necessário projetar sua voz. No entanto, se precisar competir com o ruído de fundo, falar com a voz baixa demais vai matar sua história.

3. **EXPECTATIVAS**
O que o público espera que você diga? Se você estivesse no lugar deles, o que ansiaria ouvir? Quais seriam suas expectativas? Do que teria medo? Quando assisto a uma narração, meu maior medo é o de ficar entediada. Depois disso, minha preocupação é ter que ouvir a fala de alguém obviamente desconfortável, porque essa situação é muito embaraçosa para todos.

4. **PREJULGAMENTOS**
Prejulgamento é o que fazemos automaticamente quando vemos uma pessoa desconhecida. Quando o público te vê, quais são as suposições que eles fazem de imediato com base na sua aparência e nos seus gestos? Eu sei de alguns *performers* que sempre se apresentam vestidos com capuzes e tênis com a intenção de diminuir as expectativas do público em relação a eles, para que, mais tarde, consigam superá-las com facilidade. Quando estou me apresentando, prefiro me vestir mais formalmente, de modo a indicar ao público que sou uma pessoa que deve ser levada a sério.

5. **OUTROS NARRADORES**
Digamos que você esteja fazendo uma fala em uma conferência ou se apresentando em um evento — é improvável que

você seja o único a contar uma história. Tenha em mente que outros contadores de histórias podem ter estabelecido contato com o público e que, por isso, você precise ajustar o conteúdo ou a maneira de narrar. Da mesma forma, se você está falando com uma parlamentar ocupada, você provavelmente não será o único a falar com ela naquele dia. Se tiver a chance, observe o que que os outros contadores de histórias estão fazendo. Se você vai falar na sequência de uma história muito triste, talvez seja uma grande oportunidade de ser um pouco descontraído. Por outro lado, caso esteja na sequência de uma história hilária, seria aconselhável tentar não ser igualmente engraçado. Se você for o último apresentador em uma conferência, reconhecer o cansaço do público, após um dia inteiro ouvindo palestras, pode ajudar a construir uma relação com eles.

Depois de dimensionar seu público e seu ambiente, há alguns truques que podem ser usados para trazer as pessoas para perto de você. A dificuldade: o público depende de que você seja capaz de interpretá-lo rapidamente e de maneira satisfatória. A seguir, cinco perguntas a se fazer a fim de decodificar sua audiência no ato:

1. **ONDE ELES ESTAVAM ANTES DE CHEGAR?**
    Seu chefe tem corrido de uma reunião para a outra? Sua paquera teve um dia cheio no trabalho antes de encontrar você para uma bebida?

2. **EM QUE MOMENTO DO DIA VAI ACONTECER?**
    Percebo que as pessoas geralmente estão menos desgastadas e mais receptivas a novas ideias no início do dia e no início da semana.

3. **O QUE ELES ESTÃO VESTINDO?**
    A roupa pode ser um importante meio de acessar a mente das pessoas. Eu estava me apresentando em um evento no porão de

um clube de rock, e fiquei surpresa ao perceber todos na fila de entrada vestindo blazers e calças cáqui. O que aconteceu foi que o pai de uma das *performers* convidou os próprios amigos. Eles foram lá para dar apoio à filha do amigo e não sabiam ao certo porque estavam naquele subsolo. Suas roupas me alertaram para o fato de que eles, provavelmente, se sentiam deslocados, e eu pude usar essa informação para inclui-los na minha história.

4. **PARA ONDE ELES VÃO EM SEGUIDA?**
Entenda quanto tempo disponível você tem. Se o público começar a olhar o relógio, talvez seja necessário ajustar o que está dizendo para acomodar o tempo limitado dos ouvintes.

5. **O QUE ELES QUEREM DE VOCÊ?**
Se você fosse parte do público, o que desejaria? Eles esperam ser entretidos? Você está fornecendo as informações que eles precisam? Será que eles só querem que você se apresse e saia do escritório para que possam ir almoçar? Coloque-se no lugar deles e use essas considerações para dar forma a sua apresentação. O desempenho é uma via de mão dupla, e essas dicas podem ajudar você a descobrir como adaptar sua narrativa e fornecer o que o público demanda.

PRÁTICA: DIMENSIONE O PÚBLICO

Da próxima vez que você for a um lugar com muitas pessoas, reserve alguns minutos para praticar suas habilidades de observação e perceba quem está presente. Use estas dicas para ajudar a dimensionar a multidão:

Quanto de barulho eles fazem?
Eles são ruidosos ou silenciosos? Se forem ruidosos, você vai precisar, pelo menos inicialmente, ser bastante enfático para chamar a atenção

deles. Não seja tímido, nem educado. Diga a eles que a história está começando, e peça que prestem atenção. No entanto, se estiverem quietos, vai ser necessário o uso de mais energia para despertá-los. Eu sempre prefiro aumentar a carga de humor. A primeira risada vai distensionar o público e fará com que eles se sintam mais à vontade.

Quais é a idade e a circunstância dos ouvintes?
Eles são jovens ou velhos? É uma multidão de idades variadas? Como eles estão vestidos?

O que está acontecendo nesse momento?
Em que época do ano está acontecendo a apresentação? As pessoas estão ansiosas pelas festas de fim de ano ou estão mais descontraídas e se preparando para as férias de verão? Pela minha experiência, a audiência de um show durante uma tempestade tem menos chances de rir do que o público de uma apresentação em um dia ensolarado. Houve um grande acontecimento jornalístico no dia que ficou na mente de todos? Perceba a estação do ano, a temperatura e o humor geral.

Como você está percebendo o espaço?
Está frio ou quente? As pessoas estão com fome ou estão comendo? Se você estivesse sentado nesse espaço, esperando pelo início de uma apresentação, como você se sentiria?

OLHO NO OLHO

A parte mais difícil de ser anfitriã nas apresentações do meu grupo de storytelling é o início. Quando o público chega e procura os lugares, eles conversam entre si, e eu tenho que interrompê-los para começar. É incrivelmente desagradável, mas é necessário para que possamos chegar à parte divertida. Você não pode depender que o público lhe *conceda* a atenção, às vezes é preciso *apanhá-la*. Em troca da minha exigência pela atenção, eu imediatamente forneço outras possibilidades em que possam prestar atenção. Eu os bombardeio com a minha energia, sorrio, movimento os braços, subo no palco e me esforço para ser o mais envolvente possível. Eu projeto confiança e não peço desculpas. Depois de conquistar a atenção do público, é necessário colocá-los a seu favor. Sabe por que muitas pessoas começam suas apresentações com uma piada? Porque fazer rir é uma ótima maneira de chamar a atenção. Você quer que eles *desejem* ouvir mais de você.

Para ter o público a seu favor, você deve mostrar a eles que você é:

Confiante
Claro
Criativo

Quando demandar a atenção do público, você deve se mostrar confiante. Digo aos meus alunos para mostrarem confiança por meio da linguagem corporal e começarem a contar a história de imediato. Em termos de linguagem corporal, você projeta confiança quando fica parado com a postura ereta e os ombros para trás. Tente acalmar o tremor nas mãos ou os tiques nervosos.

Outro modo de se mostrar confiante é iniciar a história prontamente. Nunca comece com um preâmbulo. Alguém poderia começar da seguinte maneira: "Escrevi esse texto porque, você sabe, acho interessante a forma como as pessoas usam as rodovias. E que os carros mudaram a maneira como nos relacionamos com a natureza. E eu sou novo nisso, então espero que vocês gostem, mas estou nervoso também, então lá vai!" Os preâmbulos servem para tirar um pouco da tensão do contador de histórias e também, usualmente, para ele se desculpar pelo tempo que está tomando do público. Preâmbulos não acrescentam nada à narrativa e fazem você parecer inseguro. Pare de embromação e vá direto ao assunto.

Ter clareza na mensagem também é muito importante para conquistar a audiência. Quando você mostra ao público que tem uma ideia relevante e sabe como defendê-la, o público se permite relaxar e fica mais disposto a ouvir.

Você quer que eles *desejem* ouvir mais de você.

Começar uma história com clareza resultará em interesse do público. Certifique-se de que o público sabe onde a narrativa se passa e que papel você desempenha na trama. Seja claro sobre o que está acontecendo, as questões envolvidas e quais obstáculos enfrenta para conseguir o que quer. O público ficará nas suas mãos.

O último truque para envolver o público é ser criativo. Mostre a eles a sua voz mais pessoal, para que vejam quem você é e possam ter um momento agradável juntos. Conte a história em suas próprias palavras, de uma forma que só você pode. As pessoas querem ser surpreendidas, querem se encantar, querem sentir que podem prever os movimentos futuros da história só para se admirarem quando algo diferente acontece. Use os recursos que conversamos nas regras Nº 2 e Nº 5 (enredo, padrão e desfecho) e dê um toque pessoal a elas.

FALE A LÍNGUA DELES

As pessoas confiam mais quando você usa um estilo de linguagem parecido com o delas. Quando estiver se apresentando para um público mais intimista, pode ser útil trabalhar com palavras-chave ou expressões usadas por esse grupo. Por exemplo, se o membro parlamentar da sua localidade disser: "Está chovendo a cântaros lá fora", você pode incorporar essa expressão à sua narrativa como forma de ajudar a construir conexão. Da mesma forma, se estiver em um evento a trabalho, você pode se conectar com o público usando uma linguagem comum ao setor.

Outra dica consiste em evitar ser a primeira pessoa a usar a palavrões. Se ninguém mais estiver falando dessa forma, então você também deve evitar, porque nunca se sabe quando alguém pode se sentir ofendido. Também é importante ter cuidado com as referências culturais. Por exemplo, se você citar o grupo Monty Python para uma sala cheia de estudantes do ensino médio, é provável que não entendam a referência.

Você já notou que pessoas em concordância tendem com frequência a usar uma linguagem corporal parecida? Na próxima vez que estiver conversando longamente com um cônjuge ou um amigo, reserve um momento para notar como cada um se porta. É provável que você perceba algumas semelhanças. Quando pessoas começam a concordar entre si, elas passam a se espelhar no comportamento umas das outras. Quando você e um amigo de longa data se reencontram, seria incomum se você ficasse sentado no sofá com as pernas encolhidas e o seu amigo ficasse de pé. Eu já me sinto estranha só de descrever uma cena disposta dessa maneira. Se você está tendo uma ótima conversa com alguém que está com as pernas cruzadas, é muito provável que você, inconscientemente, também cruze as pernas. Então, como você pode usar isso a seu favor? Se você quer promover uma conexão com seu ouvinte e nota que ele inclina a cabeça ou cruza as pernas, fazer o mesmo ajuda ele a perceber que você está interessado, além de aprofundar a conexão já existente. Certifique-se, no entanto, de que não esteja imitando cada movimento, como em uma versão acidental de "Meu mestre mandou" — isso seria bizarro, para dizer o mínimo. O objetivo é que a pessoa sinta que vocês estão naturalmente na mesma vibração.

O elefante na sala

É trabalho do contador de histórias perceber qualquer elefante que eventualmente entre na sala onde a história está sendo contada. Pode ser o ar-condicionado rugindo como um leão e soprando uma enorme rajada de vento em seu rosto, ou o fato de a sala ser muito quente e você com a camisa pingando de suor. Qualquer que seja o motivo do incômodo entre as pessoas na plateia, pode valer a pena falar sobre o problema.

Mencionei anteriormente que, se você cometer um erro, não chame a atenção para ele e siga em frente. Isso é válido para os erros de que o público não está sabendo, como você pular uma palavra na sua história. No entanto, se há um problema de que o público esteja ciente, como o disparo do alarme superbarulhento de um carro, você deve reconhecê-lo de imediato para deixá-los à vontade. Ao não fazer isso, você corre o risco de que o público perceba e se distraia, perdendo o interesse por você e pela sua história.

O microfone parou de funcionar? Não continue falando para um microfone desligado. Em vez disso, comece a projetar a voz e pergunte se a pessoa encarregada do som pode consertá-lo.
Alguém no fundo da sala está falando muito alto? Chame a atenção da pessoa e peça educadamente para que converse do lado de fora.

Sua paquera vive olhando o celular a cada dois segundos? Pergunte se precisa fazer uma ligação e se ofereça para esperar.

PRÁTICA: INÍCIOS CONVINCENTES

A maneira como uma história é iniciada pode instantaneamente mostrar ao público que você é confiante, capaz e criativo. Mas o modo como mostrar isso depende de quem é o público. Na tabela a seguir, listei 12 temas e quatro tipos diferentes de público. Escreva a linha inicial que se adequaria melhor para cada um deles. Preenchi os dois primeiros para inspirá-lo.

TÓPICOS PARA NARRATIVA	CLIENTE	COLEGAS DE TRABALHO	CONVIDADOS EM UMA FESTA DE CASAMENTO	PESSOAS EM UM SHOW DE COMÉDIA
Uma história sobre pescaria com o seu pai	Às vezes, ficar sentado na mesma posição pode ser a melhor solução.	Vocês gostam de pescar?	Meu pai ensinou os filhos sobre entranhas de minhocas e amor, nessa ordem.	Pescaria é, na verdade, apenas uma perseguição. Os peixes deveriam mandar prender todos nós.
Uma história sobre o roubo do seu carro	Uma vez, tive a oportunidade de conhecer uma maneira excelente de superar as adversidades.	Vocês precisam saber o que aconteceu comigo na noite passada.	Sarah é a minha melhor amiga e ela me deve um carro novo.	Eu vou me atrever a dizer que os ladrões de carro são os piores.
Uma história sobre viajar de avião pela primeira vez				
Uma história sobre a pior ceia de Natal da sua vida				
Uma história sobre o primeiro término de relacionamento				
Uma história sobre o primeiro dia de aula				

TÓPICOS PARA NARRATIVA	CLIENTE	COLEGAS DE TRABALHO	CONVIDADOS EM UMA FESTA DE CASAMENTO	PESSOAS EM UM SHOW DE COMÉDIA
Uma história sobre como aprendeu a tocar piano				
Uma história sobre a vez que viajou pelo interior do país.				
Uma história sobre quando levou o filho ao hospital.				
Uma história sobre vomitar na montanha-russa.				
Uma história sobre o dia em que a luz acabou na sua casa.				
Uma história sobre a tentativa de conseguir o emprego dos sonhos.				

CHECKLIST

☐ Imagine um público ideal para sua história. Como eles são?

☐ O que eles esperam de você?

☐ Imagine que está com seu público ideal, mas que a sala é muito barulhenta e eles não conseguem ouvir muito bem. Como você pode consertar esse problema?

☐ Agora imagine que está com seu público ideal e não há nada de errado com a sala, que já é conhecida, mas eles não estão prestando total atenção em você. Como é possível mostrar confiança, capacidade e criatividade para chamar a atenção deles?

REGRA Nº 9
NÃO DEIXE DE PRATICAR

POR QUE PRATICAMOS?

Nem todos são naturalmente talentosos quando se trata de criar histórias envolventes, mas você sabe qual é a diferença entre os grandes contadores de histórias e os que estão apenas na média? É a prática. Não me entenda mal, às vezes narrativas improvisadas são incríveis. O contador de histórias abre a boca e libera uma narrativa verdadeiramente boa, engraçada e relevante. Porém, com frequência, histórias não ensaiadas são incrivelmente embaraçosas. O *performer* gagueja, anda em círculos e se esquece de elementos importantes do enredo. O público quer que ele se saia bem, mas a história é difícil de entender e desconfortável de assistir.

As histórias ficam melhores com tempo e esforço.

É absolutamente normal ficar nervoso com apresentações. Tentar se convencer de que não precisa treinar só para não ter que se envolver com o próprio nervosismo é normal também. A prática pode ser desconfortável, mas se você quiser ser um contador de histórias de qualidade, é necessário praticar. Meu grupo de apresentações, o Story Club, é composto por uma mistura de artistas selecionados e participantes avulsos, que só precisam ir e se inscrever para contar uma história. Quando um dos participantes avulsos faz um bom trabalho, conquistando a atenção do público, convido-o a voltar para ser um *performer* de destaque. Quando comecei a fazer esse procedimento, percebi que algo estranho estava acontecendo. Os incríveis contadores de histórias, os narradores avulsos, estavam se tornando *performers* de desempenho frágil, cometendo erros bobos. Eles tinham mais tempo para se preparar, e sabiam que estavam escalados para a apresentação, então o que mudou? Por que eles foram tão bem na primeira história, mas não na segunda? Eles tinham deixado de praticar.

Aprendi que a maneira de evitar que meus artistas de destaque fracassassem era pedindo que me enviassem um rascunho de suas histórias com antecedência. Isso permite que eu dê a eles o retorno necessário, mas, principalmente, os obriga a ensaiar. Como eles têm que me enviar um rascunho antes, eles precisam elaborar a história com antecedência. Eles começam a prática ao digitar a narrativa para me enviar, lendo meu feedback e reelaborando sua história para incorporar meus comentários. Desde que instituí essa política de prática obrigatória, não tive mais um artista de destaque falhando.

Praticar também serve como uma terapia por exposição: quanto mais você se coloca na situação incômoda de contar sua história em voz alta, mais à vontade estará quando estiver apresentando para um ouvinte ávido. Se você quer ganhar confiança e garantir que está contando a história da melhor maneira possível, é necessário se esforçar. As histórias ficam melhores com tempo e esforço. Você precisa criá-las e moldá-las, e a melhor maneira de fazer isso é treinando.

Precisa de mais motivação? Considere que praticar ajuda nos seguintes pontos:

- **Descobrir seus pontos fracos que precisam de mais treino;**
- **Ganhar confiança para saber o que dizer em seguida;**
- **Ganhar flexibilidade para descobrir novos ângulos para sua história;**
- **Trabalhar em seu desfecho e desenvolver profundidade em sua história;**
- **Apropriar-se da própria narrativa.**

Eu gosto de ensaiar no carro. Conversar comigo mesma enquanto dirijo pela rodovia me faz sentir menos estranha do que falar comigo mesma em casa. Começo no início da história e vou falando até o desfecho. E, ao praticar, eu faço descobertas que não teria feito de outra maneira. Recitar sua história em voz alta é uma maneira de vivenciá-la a partir de outra perspectiva, porque você não é apenas o narrador, mas também o ouvinte.

Na primeira vez em que se propor esse exercício, você provavelmente se sentirá um pouco tolo. Você pode se perguntar: "Estou realmente falando comigo mesmo no meu quarto, neste instante?" No entanto, à medida que pratica, você se sente mais confortável. Você vai parar de se julgar e vai começar a ouvir realmente a sua história, além de procurar maneiras de aprimorar seu desempenho. Ao praticar, você se sentirá mais confortável, o que permitirá que sua confiança cresça. Quando começar a se sentir confiante narrando a história no próprio quarto, você será capaz de tirar proveito dessa sensação quando estiver apresentando a mesma história para o público.

Seu carro e seu quarto são apenas dois dos lugares possíveis. Em qualquer lugar que se sinta confortável em estar desconfortável funciona bem. Aonde você pode ir e falar em voz alta para si mesmo sem se preocupar com ninguém se intrometendo? Aonde você pode ir para sentir todas as emoções que acontecem a partir da prática cuidadosa — ansiedade, frustração, euforia — e não ser interrompido? Descubra onde fica esse lugar, estabeleça um cronograma de ensaio e peça às pessoas do seu círculo mais próximo que respeitem esse tempo de prática. Se você compartilha a casa com outras pessoas, peça a elas que sejam simpáticas e não perguntem por que você está tagarelando para si mesmo no porão, além de não interromperem a sua tagarelice. Depois, vá para o seu espaço de ensaio e comece a dizer sua história do início ao fim. Sentado ou de pé, o que funcionar melhor para você. Mas se comprometa em contar a história, vivê-la e descobrir onde ela pode ser melhorada.

Uma boa regra geral é praticar uma hora para cada minuto da história. Pode parecer muito tempo, mas a maioria dos contadores de histórias treina ainda mais do que isso. A dedicação a essas horas de prática garante que, quando chegar o momento certo, você será um mestre na narração da própria história. Se você não treinar, pode até se sair bem. Contudo, apenas por meio do trabalho consciente é possível garantir que o resultado seja ótimo.

PRÁTICA COM RESULTADO

Para tirar o máximo proveito de seu tempo de prática, considere estas sugestões:

- Se for recitar a história de cabeça, certifique-se de memorizar, com precisão, a primeira linha, a última linha e a estrutura do enredo. No entanto, não memorize a história inteira palavra por palavra. A intenção é parecer que a história narrada é verdadeira e que aconteceu a você, por isso não faz sentido contá-la como se recitasse Shakespeare. Se a única maneira que souber narrar for palavra a palavra, é provável que se confunda em função de algum contratempo. Por outro lado, se tiver a estrutura do enredo memorizada, você não vai se confundir, pois basta puxar pelo fio que orienta a estrutura do enredo;

- Caso prefira ler a história, imprima-a com uma fonte diferente. Assim fará a leitura com um olhar mais renovado. Faça anotações no papel sobre como você deseja ler diferentes partes: rápida ou vagarosamente, com tristeza ou entusiasmo, e assim por diante;

- Marque o tempo ou programe um alarme para disparar no momento tempo de corte;

- Grave a narração e ouça-a repetidas vezes;

- Escreva a história de cor, e depois a narre sem olhar;

- Pratique na frente de um amigo e peça uma avaliação honesta;

- Uma vez que a estrutura principal da história esteja definida, pratique variações no modo de contar. Onde, na história, seria possível diminuir a velocidade? Ficar mais rápido? Pausar para ênfase?

- Há diálogos na história? Se assim for, tente usar diferentes vozes para diferentes personagens;

- Conte sua história para o espelho;

- Na real, um engarrafamento é o lugar ideal para ensaiar.

Se você não praticar, pode até se sair bem. No entanto, apenas por meio do trabalho consciente é possível garantir que o resultado seja ótimo.

Você vai perceber que a história estará pronta para ser contada quando, depois de cada narração feita, não sentir necessidade de fazer novas alterações. Quando ainda estiver fazendo correções, você fará uma nova descoberta a cada vez que contar a história, como a seguinte: "Eu deveria acrescentar esse detalhe sobre o que meu amigo estava vestindo! E fazer uma piada sobre como meu carro estava péssimo!" Quando cessarem as correções, você terá encontrado o equilíbrio da história. Se você não quiser fazer mudanças adicionais, ou se qualquer mudança que fizer for realmente desnecessária, então é hora de parar as revisões. Verifique mais uma vez se a história está se encerrando no tempo certo, e então estará pronta para a apresentação!

PRÁTICA: FAZENDO AO VIVO

Há milhares de vídeos de contadores de histórias no YouTube. Encontre alguns dos melhores procurando nos canais *The Moth*, *Snap Judgment*

Films e *RISKshow*. Encontre uma história, assista e responda as questões a seguir:

- Como o *performer* começa a história?

- Como você descreveria o nível de energia dele?

- A história parece ensaiada? Justifique.

- Há momentos em que o *performer* faz variações na maneira de contar, tais como desacelerar ou acelerar?

- O contador de histórias usa a linguagem corporal na narração da história? Representa em alguma parte ou usa as mãos para dar ênfase?

- Como o *performer* finaliza a história?

- Quanto tempo durou a história? Se o narrador praticou uma hora para cada minuto da história, de quanto tempo de ensaio ele precisou antes da apresentação?

CHECKLIST

☐ Pegue uma história com a qual esteja trabalhando e crie um cronograma de prática. Programe uma hora para cada minuto da duração da história e pratique uma hora por vez.

☐ A cada vez que ensaiar, concentre-se em diferentes aspectos da história e da apresentação. Por exemplo, você pode dividir as sessões de prática para focar no início, no meio, no desfecho, na memorização ou na maneira de narrar, garantindo que a história alcance o objetivo.

☐ Se for ler sua história, treine com as páginas presas por um fichário ou, se tiver, em um suporte de partitura.

☐ Pratique sua história como se fosse narrar para diferentes tipos de público. Primeiramente, simule uma apresentação a um cliente comercial e depois faça como se estivesse narrando em um clube de comédia. Observe como a maneira de narrar é diferente.

☐ Pratique algumas vezes na frente das pessoas. Apresente-se na frente de um amigo assim que começar a ensaiar e depois, alguns dias mais tarde, quando estiver no fim do período de prática. Peça ao amigo que diga como mudou a história e a maneira de contá-la.

REGRA Nº 10
PREPARE-SE

ÚLTIMOS RETOQUES

Você vai conseguir! Você vai contar uma história! Talvez você esteja tranquilo e confiante, esperando pacientemente pelo dia da apresentação, com a certeza de que tudo vai correr bem. Talvez você esteja nervoso ao extremo e mal consegue comer quando pensa na história que vai narrar em voz alta para outras pessoas. De qualquer forma, seu trabalho não está terminado. Para o último passo, é importante se envolver nos preparativos finais para garantir que você e sua história brilhem.

Abaixo, relacionei um menu com opções de maneiras para se preparar. Não é necessário se comprometer com todas elas de uma vez, mas seria aconselhável escolher três ou quatro que vão lhe preparar melhor para o local de apresentação, o público e a narração da história.

A seguir, dez maneiras de se preparar para contar sua história pela primeira vez:

1. **REVISE OS PONTOS-CHAVE DE SUA HISTÓRIA SEM RECORRER ÀS ANOTAÇÕES.**
   Certifique-se de que tenha memorizado a primeira linha, a estrutura do enredo e a última linha.

2. **DECIDA O QUE VESTIR.**
   Não deixe para escolher uma roupa no último minuto. Sugiro experimentar o que planeja vestir com antecedência, para ter a certeza de que é confortável e o deixa confiante.

3. **CASO SE DECIDA POR LER A SUA NARRATIVA, ORGANIZE AS FOLHAS.**
   Imprima suas anotações em uma fonte e tamanho que sejam confortáveis para a leitura. Coloque os papéis em uma pasta ou em um fichário.

4. **PREPARE ALGUMAS DEIXAS.**
   Marque a narrativa impressa para indicar os lugares nos quais você

deve olhar o público. Uma boa noção geral é se certificar de olhar para o(s) interlocutor(es) pelo menos duas vezes por página.

PERCEBA A SUA LINGUAGEM CORPORAL.
Imagine-se contando a história e pense sobre o que sua linguagem corporal vai informar ao público. Onde suas mãos vão ficar? Como o seu corpo vai ficar?

5. **IMAGINE A REAÇÃO DO PÚBLICO.**
Visualize a reação que você espera do público em relação a sua história. Imagine-os olhando para você, sorrindo e esperando ansiosamente pela próxima palavra.

6. **IMAGINE QUAL SERÁ A SUA REAÇÃO QUANDO A NARRAÇÃO TIVER SE ENCERRADO.**
Qual será a sensação? Alívio? Desejo de contá-la novamente? Necessidade de começar a trabalhar em uma nova história?

7. **IMAGINE OS MOMENTOS QUE VÃO ANTECEDER O INÍCIO DA NARRAÇÃO.**
Visualize-se sentado na cadeira ou em pé no palco, recebendo a atenção das pessoas na sala e então dando início à apresentação. Logo antes da fala costuma ser o momento de pico do nervosismo, mas imaginar a situação antes que aconteça pode ajudar a trazer tranquilidade para o momento.

8. **TREINE UM EXERCÍCIO DE RESPIRAÇÃO.**
Se você fica nervoso durante essas tentativas de visualização, tente este exercício de respiração: inspire contando até quatro, prenda o ar contando até sete, e depois expire contando até oito. Repita esse exercício cinco vezes.

9. **ANTECIPE OS PRÓPRIOS TIQUES.**
Quais são seus tiques nervosos? O que você pode fazer para

controlá-los? Por exemplo, se você tende a bater o pé, tente contar sua história algumas vezes com um livro pesado sobre os pés, impedindo que fiquem batendo.

PRÁTICA: LEMBRE-SE DO SEU OBJETIVO

Reveja a Regra Nº 1: "Saiba qual é o seu objetivo". Antes mesmo de ter uma história, você tinha decidido qual seria o objetivo de contá-la. Quero que pense nesse objetivo e repasse sua história com essa motivação em mente. Depois que fizer isso, pense nas respostas a estas perguntas:

1. Sua história alcança o objetivo traçado?
2. Você menciona o seu objetivo verbalmente na história? Justifique.
3. O que você espera do(s) seu(s) ouvinte(s) quando começar a narrar a história?
4. Qual é a resposta que você espera do(s) seu(s) ouvinte(s) quando terminar de contar a história?
5. Como o desfecho garante que você alcançou o seu objetivo?

CHECKLIST

☐ Pense em maneiras de contar sua história novamente, em uma outra oportunidade. Você pode ajustá-la a um tipo diferente de público?

☐ Reflita sobre que tipo de pessoa poderia se beneficiar ao ouvir sua história.

☐ Pergunte-se como essa narrativa modificou sua vida e sua experiência criativa.

☐ Faça projeções. Que história você quer criar a seguir?

DEZ ARMADILHAS DO STORYTELLING (E COMO EVITÁ-LAS)

ARMADILHA	COMO EVITÁ-LA
Deixar uma ótima ideia escapulir	Ao receber uma inspiração, deixe tudo de lado e escreva a ideia! Digite uma anotação no celular, grave um áudio para si mesmo – qualquer coisa que lembre da história e o fato de estar tão inspirado para contá-la.
Não usar o tempo para melhorar a ideia	Depois da inspiração vem a transpiração. Você deve se conceder tempo para se dedicar à história e descobrir o que quer dizer. Trinta minutos são suficientes para dar um empurrão na criatividade e lançá-lo para um incrível começo.
Agarrar-se ao primeiro rascunho	Depois de concluir o rascunho, separe mais algum tempo para vasculhá-lo, sem se preocupar se está bom ou ruim. Pense no objetivo e depois verifique se é alcançado. Você pode melhorar sua história, mas só depois de se descolar do primeiro rascunho.
Não adicionar detalhes	Entenda que o ouvinte não tem como saber automaticamente a quais lugares e pessoas você se refere na história. Inclua detalhes específicos para cada personagem ou lugares mencionados na narrativa.
Começar com marcha lenta	Na primeira oportunidade, diga ao seu ouvinte por que a história é importante, e ele também vai se importar. Ao segurar essa informação e demorar a compartilhar a importância da história, você corre o risco de perder a atenção do público antes de concluir a narrativa.
Finalizar subitamente	Nunca termine uma história abruptamente. É necessário um momento que permita reflexão sobre a narrativa. Procure se assegurar de que alcançou o objetivo com um desfecho que faça sentido.

Não praticar	Quanto mais se pratica melhor fica a história. Mantenha a narrativa no horizonte e a repasse repetidas vezes, refinando sempre que possível.
Trabalhar sozinho	Peça ajuda! Conte a sua história a um amigo, peça que um familiar te ouça e teça comentários ou então envie o rascunho por e-mail para um colega do trabalho. Deixe que os outros ajudem você a construir a história e o encorajem no processo.
Ter fixação por ser bom	Sua tarefa é contar uma história que transmita uma mensagem. Ela vai ser boa se alcançar o objetivo. No entanto, se você se preocupar em parecer "bom" — isso é, contar uma narrativa que todo mundo vai gostar —, é possível que corra o risco de se paralisar. É quase impossível contar uma história pela qual todos se interessem; algumas pessoas detestam *O Rei Leão!* Em vez de se preocupar em ser amado, preocupe-se com o que você tem a dizer.
Deixar a insegurança vencer	Quem é você para contar uma história? Quem é você para pedir que os outros o ouçam tagarelar sobre sua própria vida? Esse é o tipo de reflexão em que muitos de nós se perdem. Você pode duvidar de si mesmo, mas não pode deixar que a insegurança vença. É muito difícil se questionar e ainda assim continuar tentando; no entanto, é isso que todo contador de histórias de sucesso deve fazer. É normal passar por momentos de medo, mas não deixe que isso te impeça de contar sua história para o mundo.

FONTES

LIVROS

The Situation and the Story: The Art of Personal Narrative, de Vivian Gornick. Um livro sobre como escrever histórias verdadeiras e desenvolver uma narrativa.

The Fourth Genre: Contemporary Writers of/on Creative Nonfiction, editado por Robert L. Root Jr. e Michael Steinberg. Uma compilação de textos surpreendentes de não ficção criativa e escritores falando sobre como escrevem suas histórias.

Backwards and Forwards: A Technical Manual for Reading Plays, de David Ball. Esse livro destrincha com clareza tudo o que você precisa saber sobre o enredo e porque ele é tão necessário em uma história.

Palavra por palavra: Instruções sobre escrever e viver, de Anne Lamott (Ed. Sextante). Um guia definitivo sobre como parar de enrolar e escrever uma história.

ARTIGOS

Humanise the Brand: "The Neuroscience: Why Your Brain Loves Good Storytelling." Uma postagem de blog que explica como uma boa narrativa afeta o cérebro. Anteriormente disponível em: https://www.humanisethebrand.com/neuroscience-storytelling/. Acesso em: 5 mai. 2020.

"Why Inspiring Stories Make Us React: The Neuroscience of Narrative." Um trabalho de Paul J. Zak, PhD, sobre os resultados de sua pesquisa sobre storytelling e oxitocina, publicado no periódico científico *Cerebrum*. Disponível em: https://www.ncbi.nlm.nih.gov/pmc/articles/PMC4445577/. Acesso em: 2 dez. 2020.

PODCASTS

RISK! Um podcast de histórias verdadeiras com uma pontinha de ousadia. Cada contador de histórias narra um acontecimento que nunca pensou em compartilhar em público.

The Moth. Histórias retiradas dos *slams* de histórias *The Moth*, nos quais os participantes têm cinco minutos para compartilhar, por meio de um microfone, uma história com o tema da noite.

Radiolab. Storytelling com temática científica.

Snap Judgment. Histórias sobre momentos em que pessoas tiveram que tomar decisões repentinas.

Shannon Cason's Homemade Stories. Um podcast criado por Shannon Cason, em que são compartilhadas histórias reais da vida em Detroit.

APRESENTAÇÕES AO VIVO

Confira as apresentações de storytelling na sua região! A maioria das cidades tem eventos mensais, em que é possível ver e ouvir histórias contadas ao vivo. Basta uma rápida busca pela internet para encontrá-los. A seguir, estão alguns para começar:

> The Moth — Em várias cidades; veja www.themoth.org
> RISK! — Nova York, Los Angeles e turnês pelos EUA
> Story Club — Boston, Chicago, Cleveland, Columbus, Minneapolis e Tulsa
> You're Being Ridiculous — Chicago
> Write Club — Chicago, Atlanta, Los Angeles
> Story District — Washington, DC
> The Stoop — Chicago

Here, Chicago — Chicago
Keep Talking — Cleveland
Carapace — Atlanta

REFERÊNCIAS

Potts, C. "Conversational Implicature: An Overview." Última modificação: 2 abr. 2012. https://web.stanford.edu/class/linguist236/implicature/materials/ling236-handout-04-02-implicature.pdf. Acesso em: 2 dez. 2020.

White, R. "Adapting Grice's Maxims in the Teaching of Writing". *ELT Journal* 55, 1 (jan. 2001): 62-69. https://doi.org/10.1093/elt/55.1.62. Acesso em: 2 dez. 2020.

Zak, P. J. "Why Inspiring Stories Make Us React: The Neuroscience of Narrative." *Cerebrum: The Dana Forum on Brain Science*. Última modificação: 2 fev. 2015. http://ncbi.nlm.nih.gov/pmc/articles/PMC4445577/. Acesso em: 2 dez. 2020.

SOBRE A AUTORA

Dana Norris é fundadora do Story Club, um programa nacional de storytelling não ficcional que atualmente é realizado em seis cidades dos Estados Unidos. Ela tem um mestrado em Não Ficção Criativa pela Northwestern University e um mestrado em Estudos da Religião na University of Chicago. Seus escritos já apareceram em muitas publicações, incluindo *McSweeney's Internet Tendency*, *The Rumpus*, *Tampa Review*, *TriQuarterly Online*, o podcast RISK!, WCPN Cleveland, e WBEZ Chicago. Saiba mais sobre a autora e conheça sua agenda de apresentações no site www.danastories.com.

Ouça este e milhares de outros livros na Ubook.
Conheça o app com o **voucher promocional de 30 dias**.

Para resgatar:
1. Acesse **ubook.com** e clique em **Planos** no menu superior.
2. Insira o código #ubk no campo **Voucher Promocional**.
3. Conclua o processo de assinatura.

Dúvidas? Envie um e-mail para contato@ubook.com

*

Acompanhe a Ubook nas redes sociais!
ubookapp   ubookapp   ubookapp